国学概论选粹

國故學大綱

民国十五年（1926）
梁溪图书馆排印本

杜泽逊 主编

青岛出版集团
青岛出版社

《国学概论选粹》序言

◎杜泽逊

所谓“国学”，即一国之传统学问。中国之所以为中国，在于中国有本国之独特学问。其学问博大精深，主流为经、史、子、集四部，旁支则释、道二家之学，其根基则中国语言文字之学。总结中国固有之学问，模式甚多，清代乾隆修《四库全书总目》二百卷，张之洞誉为“良师”，至今奉为门径。近世有概论之学，分章分节，构建体系，于是有“国学概论”之作，其书甚多，尤以二十世纪二三十年代为盛。其专门机构则清华大学国学研究院、北京大学研究所国学门、无锡国学专修学校、章太炎苏州国学讲习会，皆其显耀者。二十世纪八十年代，国家改革开放，引进西方科学技术、文化教育、生活习俗，倾心者甚至主张全盘西化，而我国固有之学问激发而起，迎来“国学热”。揆文化发展之理，凡一国开放之世，则本国固有之学问必强势而兴，内外交汇激荡，而文化得以进步，故西学、国学皆新文化建设之基础，不可偏废。然则，学习国学实非守旧，乃开新之津要，民族自信之源泉也。青岛出版社吴清波学长有感于斯，邀余择取国学概论之精且易读者重印以飨同好，因约李君振聚讨论而甄选之，本辑计六种：洪北平《国学研究法》、王易《国学概论》、马瀛《国学概论》、陶庸生《国学概要》、曹聚仁《国故学大纲》、甘鹏云《经学源流考》，先行付印，李君略作解题，以为导读。佳者尚夥，宜次第刊传之。

2022 年 5 月 16 日

于山东大学文学院

《国故学大纲》上卷

曹聚仁　著

民国十五年（1926）
梁溪图书馆排印本

曹聚仁，字挺岫，号听涛。浙江兰溪人。生于清光绪二十六年（1900），卒于一九七二年。毕业于浙江第一师范学校。毕业后到上海，常为《民国日报》副刊《觉悟》撰稿。时值章太炎在上海国学会连续演讲，曹聚仁以特约记者身份前往笔录讲稿并将记录整理出版为《国学概论》一书。民国十二年参与发起成立新南社。曾主编《涛声》《芒种》等刊物。曾任教于爱国女中、暨南大学、复旦大学等校。民国十四年任国立暨南大学国文教师，于此间出版《国故学大纲》（上卷）一书。一九五〇年赴香港，任新加坡《南洋商报》驻港特派记者，后主办《循环日报》《正午报》等报纸。

《国故学大纲》分为上、中、下三卷，出版了的仅有上卷，上卷共计十章，第一章概念性地介绍《国故与国故学》，二至五章为《国故学之研究法》，第六章为《国故学之分类》，第七章为《文学的鉴赏与批评》，后三章介绍文学中的《平民文学》一类，此为卷上的前十章。卷中分十章，介绍了《贵族文学》《病态文学》，一章《史学》，五章《哲学》。卷下包括了两章《政治学》，《文字学》《论理学与心理学》《天文算学及其他科学》《宗教》《美术》《国故嬗变之过程》《外来文化之渗透作用》与《国故学之新建设》各一章，共十章。此外，目次上还可见《国故学新书目》的附章。书前有卷头语，可见撰者对待国学态度之一斑：

小子“恭而敬之”地向读者致意：一、社会是进化的，是向上发展的；人们是应该循进化之轨道而前进的。我们研究国故学，必须抛弃从前主观的功利的态度，臆断的笼统的方法，而趋向于客观的批评的新态度，科学的新方法。最低限度，我们莫在进化轨道上开倒车！二、“世道人心”的“不古”，是必然的。我们莫叹息于社会现状的不安，就把一切过错都推到“新”的身上去。也莫受了先哲的哄骗，误认古代真有黄金时代，来做“复古”的把戏！三、“国故”是文化上的僵石，是已经枯败了的骷髅，虽然可以拿来做研究的对象，可是它决不会变成“万应灵膏”，千万莫用它来普渡众生！我希望读者在翻开这本书时，对于上列几句话先考虑一下！

从这部书的体例来看，完全打破了传统的四部分科，消解了经部，将传统的子部由哲学代替，集部由文学代替，并且引入了大量的西方学科，如政治学、论理学与心理学、天算学与美术等新兴学科。从各个部分的比重来看，文学八章，史学一章，哲学五章，可见其倡导与贬抑。在当时国学概论著作井喷的状态下，此书尚能不循四部之分野，别创新式之体系，可备一家之说。

國故學大綱

曹聚仁著

·国故学大纲·

梁溪图书馆

一九二六年版

著者小影

我嘶着微弱的喊聲，鼓着「似熱烈」的勇氣，在黃沙漠漠的境地中想從事於『針砭民族卑怯的癱瘓，消除民族淫猥的淋毒，切開民族昏憒的癰疽，閹割民族自大的風狂』的工作！

·国故学大纲·
梁溪图书馆
一九二六年版

卷頭語

小子「恭而敬之」地向讀者致意：一、社會是進化的，是向上發展的；人們是應該循進化之軌道而前進的。我們研究國故學，必須拋棄從前主觀的功利的態度，臆斷的籠統的方法，而趨向於客觀的批評的新態度，科學的新方法。最低限度，我們莫在進化軌道上開倒車！二、「世道人心」的「不古」是必然的。我們莫歎息於社會現狀的不安，就把一切過錯都推到「新」的身上去。也莫受了先哲的哄騙，誤認古代眞有黃金時代，來做「復古」的把戲！三、「國故」是文化上的殭石，是已經枯敗了的骷髏，雖然可以拿來做研究的對象，可是它決不會變成「萬應靈膏」！千萬莫用它來普渡衆生！我希望讀者在翻開這本書時，對於上列幾句話先攷慮一下！

·国故学大纲·
梁溪图书馆
一九二六年版

再版自序

往歲，余以國故學大綱上卷付梓，逮秋盡，全書殺青，而中卷草未及半，以是不能銜連。比者，上卷重版，中卷甫竟稿，其間相隔凡八閱月。八閱月中，國中名達研究國故之突進固無論矣；即余之思想，亦多變遷；月前，在國故研究會講演，已多所修正。然人事倥傯，關於上卷中未安之處，仍未能詳加校訂；惟稍稍刋落其繁蕪，以稍減負疚而已。

鈍拙如余，於人事一無所長；且時爲意氣所使，不能自去其癥蔽。客秋，國故學大綱初成；適南通張某爲租界當局張目而作之告學生文，徧揭於電桿之間，立論卑汚已極，乃復滿紙道德仁義，誠不知人間有廉恥事！余痛心國事，更以頑舊者之戕賊人性，遂深惡痛絕於「國故。」及今思之，前序所云，亦有

·国故学大纲·
梁溪图书馆
一九二六年版

所未安者；今既重版，乃刊正其一二焉。

吾家於明季自金華之洞井，徙居浦江之蔣畈，凡歷三百餘載。先世於耕稼外不知讀書，太平天國時，全村又燼廢。先王父以農家子茹苦締艱而創家業，逮家君始束髮受書。吾家既闌單甚，家君體又孱弱，日遭鄉鄰之凌弱。及長，赴邑就試，邑之豪者錢某，以吾族數百年間未嘗應試也，目爲涼籍，苛索多金；不遂，乃百計阻之，遂被扼。一日，先王母登掛鐘尖望瀏源溪，乃撫然曰：「日者言，瀏源溪流過急，非藏福地，吾兒其將已於斯乎？」然家君發奮立志不少挫，於清光緒癸卯年赴金華原籍應試，中式。儒家思想，至明末而潰；清代理學末流，更卑之不足道。朝野所謂讀書種子者，類多肆惡橫行，營緣多利，貌仁義而心叵測者。家君一反流俗，力主躬行實踐，其所學蓋有暗合於顏元李塨之說。習齋「學問固不當求諸冥想，亦不當求諸書冊，惟當於日常行事中求之」

一語，正可移作家君思想之中心也。

余四歲即依膝讀書，家君以四子書授余，按句爲之破析，曲引旁證以啟牖之；與俗儒之强以記誦者，適不相同。家君之學，皆得之於一己之悟解，故其治經，一本之人倫日用之常。余稍長能讀古書，師承家君之旨，不欲爲古人所拘禁，而日以幻追爲樂。比年攻治國故，亦欲抉破舊籬，於迷戀國學之空氣中，建樹一科學式的國故學。本書之作，其旨蓋「因陋就簡」以組成國故學間架，欲爲青年作一先導耳。

國故學大綱再版矣，於此補誌作書之主因，及余之所得於家君者，以明夫「其來有自」云爾。

一九二六・六月二十七日

序於眞茹曹氏蝸廬。

·国故学大纲·

梁溪图书馆

一九二六年版

國故學大綱

浙東　曹聚仁著

目次

國故學大綱目次

·国故学大纲·
梁溪图书馆
一九二六年版

·国故学大纲·
梁溪图书馆
一九二六年版

國故學大綱

浙東 曹聚仁著

第一章 國故與國故學

宇宙間佔有時間空間之民族，必有其結晶思想以爲民族生活之原動力；而民族之生命，亦以此結晶思想爲其質，散佈於各箇體之間，以形成所謂民族精神者。然一結晶思想在一民族間，非能保持其永久之權威；終必如潮然：由迴波而漸漲，漸漲而達於最高潮，遂乃中落；遂乃衰落。此已衰落之結晶思想，遂成歷史上之殭石矣。所以然者：民族生命進化靡已，內部之組織與物質之環境，亦隨之以遞變。環境既變，則所以應付環境之思想，亦必隨之俱變而後可。故新陳代謝，此結晶思想退而聽彼結晶思想代興矣。

·国故学大纲·
梁溪图书馆
一九二六年版

於東亞大陸演有五千年之史蹟者乃我中華民族；此民族組織之複雜，史蹟之繁賾，文化之燦爛，在宇宙間卓然有以自存。然此民族保守之性特強，自殷末迄今，歷時三千餘載，易代更姓，不知凡幾；而所以爲民族中心之結晶思想，曾無幾微之變遷。雖其間經外來文化之衝盪，生活突呈變態；而曾幾何時，依然復歸依於舊旗幟之下，匍匐以爲之用，或且變本加厲焉。

一九一九年之夏，巴黎和會中，我國外交失敗，以愛國之狂熱，遂有五月四日之學生愛國運動。星星之火，可以燎原；所謂五四運動者，遂成爲文學革命及文化運動之導火線。蓋五四運動以還，昔日所奉爲天經地義者，舉踐踏毀棄而不稍加吝惜；昔人所視爲萬世師表者，亦撤去其尊嚴而重估其價值；諸凡研究之方法，治學之態度，遂皆一反舊規，與昔日迥乎不同。三千年來所以爲我中華民族生活之原動力者，至今乃蕩然無遺。換言之，保持尊嚴至三千餘年之結晶思想，至五四運動而考終矣。故在中國文化史，在中國學術史，皆當劃「五四運動」為一鴻溝，如歐洲之文藝復興然也。

根深蒂固與我中華民族息息相關之結晶思想，悠然長逝，遽化為歷史上之殭石，斯誠使吾國人徘徊往復而不忍舍！雖然，違背時代之思想，其毒適類於鴆，吾儕何愛於斯？惟取之以為學術研究之資料，自有其學術上之地位。此三千年間中華民族特具之結晶思想，其以文字表達者，吾名之曰「國故；」以國故為研究之對象，而以科學方法致治之，使組成一科學，吾名之曰「國故學。」

國故學創立伊始，學者罕明其義；且「國粹」「國學」「中學」「古學，」歧名紛起，歧義並陳，於理無所當，於事無可取，非根本掃蕩無以廓清榛蕪。茲先為國故與國故學確立一界說。

·国故学大纲·
梁溪图书馆
一九二六年版

「國故」者中華民族在過去三千年間以文字表達之結晶思想也。

A、結晶思想 思想者何？由經驗與思慮之結合而產生之意識現象也。結晶思想者何？計算此思想之出發點爲「箇體」或爲「羣體」，計算表達此思想之工具爲「語言」，或爲「文字」，計算此思想之爲「創見」或爲「沿舊」；苟其與箇體或羣體之生命發生關係，作有意識之容納，且滲透深入生活之內部具有時間性與空間性者，卽爲結晶思想。試以例明之：曠野獨行，瞥見道旁隆然一物陳焉，而無量數之微生物上下其間；斯時心中必起此果何物之疑問。疑問旣起，則與之有關係之觀念，遂遵聯合作用之理，一一出現於意識中以求解釋；終乃判定其隆然者爲死屍，而上下其間者爲尸蟲，則此思想已完成矣。故思想乃極尋常之精神現象，頃刻之間，可生滅至無量數也。若因尸蟲上下於屍身，遂感人生之悲哀，一己之人生觀，因斯亦生重大之變化，如印度釋迦牟尼之往事，則此非平凡之思想，乃吾所謂結晶思想也。

B、以文字表達　結晶思想之生也，非偶然，必於生活上有重大之影響；其滅也，亦非偶然，必生活先有重大之變遷。故結晶思想在箇人見之於行爲，見之於言論；其在羣體，則必演爲「習慣」「風俗」，定爲「典章」「制度」。他此則以文字表達，卽汗牛充棟之典籍是也。國故學非若中國文化史之以中國文化爲研究之對象，故「典章」「制度」之沿革，「習慣」「風俗」之興廢，皆所不問。其所研究者，專取結晶思想之以文字表達者爲限，明經界，免糾紛也。

C、過去三千年間　殷末以前之中華民族生活，典籍失攷，莫由知其詳，故國故之斷限，不得不以殷末爲發端。五四運動以後，中華民族舊

·国故学大纲·
梁溪图书馆
一九二六年版

有之結晶思想，完全崩壞而趨於新傾向，故國故之斷限，亦不得不以五四運動爲終點。其間上起殷亡，下訖民國八年，約三千年。國故學卽佔有此三千年之長期；前乎此者後乎此者皆無與於斯。

D、中華民族之結晶思想 中華民族初僅以黃河上游爲根據地，繼乃漸推漸廣，南佈於長江流域珠江流域之間，北佈於黑龍江流域之間；且吸合若干民族以成一大民族。吾儕以通過民族內心者爲準而確指中華民族之結晶思想如左：

（一）哲人創導之學說——如老子之「反於自然」，孔孟之「仁義」，墨子之「兼愛」……

（二）各家傳授之學說——如儒家，道家，宋明理學家……

（三）含有民族性時代性之藝術作品——如離騷，駢文，古文，章回小說，詞曲，八股文，雕刻，圖畫……

（四）關於記載典章制度及民族生活之文字——如：禮記，二十四史……

E、國故字詁 中華民族所組織之國家曰中國，故「國故」之「國」乃專指中國而言，非泛稱也。「故」之義爲「舊」；以今語釋之，則與「過去」二字相當。

國故學者，記載此思想之生滅，分析此思想之性質，羅列此思想之表現形式，考察此思想之因果關係，以合理的，系統的，組織的方式述說之者也。簡言之，國故學者以「國故」爲研究之對象，而以科學方法法理之，使成爲一科學也。

A、思想之生滅 「亘古今而不惑，放四海而皆準」之眞理，在今

·国故学大纲·
梁溪图书馆
一九二六年版

日已先後爲吾人所否認；「如日月經天，江河行地」之聖人，亦相繼爲歷史上之殭石。今後吾人惟有以思想爲適應時代特別環境而發生，不承認世間有純粹理想純粹理論存在之餘地耳。故國故學中所述及之思想，決不憑主觀之取捨，爲片面之記載；亦不拘拘於一二人之成說，目之爲萬世綱常。惟於適應時代而生之思想，因時代變化而衰老之思想，如儒家之盛於春秋而衰於晉唐，理學之盛於宋明而衰於淸季，皆一一爲之詳述。此國故學之第一職務也。

B、思想之性質　觀察思想，不當求之於其表而於其質。孟子破口謾罵楊墨；求之形則孟之學說必與楊墨相逕庭，考之實則孟說亦有爲楊墨主張所滲透，亦有與孔說相背違者。朱子動輒刺誹佛道，而其學說則自佛學變化而來者甚多。故治國故學必從事研究思想之性質，以類比求其同，以較量求其異，此國故學之第二重職務也。

C、思想之表現形式　思想不通過民族性，則其思想必自生自滅。其通過民族性者，則必影響及於生活，制度及組織。中華民族之藝術，風俗及政治組織，皆逈然與他民族不同，此卽思想之表現形式也。在國故學中雖不專爲表現形式之記載，而於思想之影響所及者，則必爲之臚列焉。此國故學之第三重職務也。

D、思想之因果關係　在某環境中，乃產生某思想；某思想產生，其新環境又隨之以造成；此思想與環境之因果關係也。思想之來，非必絕往空來無所依據；或以舊有思想爲根據而光大之，或取其局部而另闢蹊徑以明之，或取否認態度以反對之。要之，彼此皆息息相關；此則思想間彼此之因果關係也。胡適氏謂『老子親見那種時勢，又受了那些思

·国故学大纲·
梁溪图书馆
一九二六年版

想的影響;故他的思想,完全是那個時代的產兒,完全是那箇時代的反動』梁啓超氏謂『墨子少年也曾學儒者之業,受孔子之術;既乃以爲其禮煩擾,傷生害事,靡財貧民,於是自樹一幟。所以墨子創教的動機,直可謂因反抗儒教而起』皆所以明思想之因果關係也。

E、合理的組織的系統的方式

取汗牛充棟之先哲典籍以讀之,其至理精義多可稱者。然闔書以思之,再思之,則吾人恆感一相喩於心之缺恨。卽以如斯浩漫無垠之典籍,欲賴有涯之人生以赴之,終覺其力不從心耳。且各方面之學說,於各家著作散見其一二,讀者常如披沙採金,費力多而所得甚鮮,其事良苦。吾將欲爲之語曰:吾國之典籍,無一爲有系統之記述,亦鮮有組織之論次。其所抱之主張,亦僅於字裏行間隱隱見之,從不以合理方式明達之也。如朱熹之哲學思想,卓然有以自立;

然求一可以完全了解其思想之文字而不可得，如欲知之，惟有求之於四書之註解，師友之通信問答耳。戴東原，中國哲學之重鎭也；學者亦僅能於孟子字義疏證及原善諸篇中求之。宋元學案，明儒學案，其性質有類學術史；然平比相次，曾無因果關係之可求，亦僅能目之爲史料。此皆可謂之爲無組織無系統者。至若史通，文史通義諸書，於論史別具灼見，其立言亦精警合乎論理，不可不謂之有組織；然篇自爲政，又體例不純，終病其無系統。卽明達若章太炎氏，其著國故論衡，亦僅能止於「有組織」，未可謂其有系統也。故達者謂吾國未有「學術」，所有者乃學術之資料，非失言也。愚謂吾國前此僅有「國故」，未有「國故學」，亦非輕慢先哲也。「國故學」之底定，當在吾儕之努力；卽在吾儕能以合理的，組織的，系統的方式建立之也。「合理」之申義，卽謂「客觀性之存

·国故学大纲·
梁溪图书馆
一九二六年版

在。」如毛傳之註「睢鳩，」謂：『睢鳩王鳩也鳥摯而有別。』鄭氏則箋之曰：『摯之言至也。謂王睢之鳥，雄雌情意至，然而有別。』此區區一解釋耳，乃成爲學者聚訟之焦點。如馬瑞辰謂：『傳本作「鷙而有別，」義取有別，非取其鷙。其義卽從毛之訓「有別，」而否認鄭之訓「鷙爲至」也。若姚際恒則謂：『夫曰鷙，猶是睢鳩食魚有搏擊之象；若云有別則附會矣。』其義卽從毛之訓「鷙，」而否認其訓「有別。」若胡承珙則謂：『鄭箋申之曰鷙之言至也，此最傳意。摯與有別，自是兩義。若以爲猛鷙之鷙，則淮南子曰，「猛獸不羣，鷙鳥不雙，」言「鷙」已含別意，不必又云有別矣。』其義又從鄭之申言爲「至，」而否認「摯」之訓「鷙。」牽強附會，可長此紛歧，靡所底止。其病卽在於不認客觀性之存在，專爲主觀之附會也。前人言之矣，『詩人體物縱精，安能擇一物之有別者以比夫婦？而後人又安知詩人之意果如是耶？』故訓解此詞，一言可決：「睢鳩，王鳩也。」「摯」之訓「至」與否？鳥之有別與否？舉可置之不問也。組織云者以歸納方法求一斷案，以演繹方法合之羣義，如戴東原與王鳳喈書云：『昨僕偶舉篇首尭字，引爾雅：「尭，充也；」僕以爲此解不可無辨，欲就一字見考古之難，則請終其說以明。僞孔傳：「尭，光也。」陸德明釋文無音切。孔沖遠正義曰：「尭，充，釋言文。」據郭本爾雅：「桄，熲，充也。」注曰：「皆充盛也。」釋文曰：「桄，孫作尭，古黃反。」用是言之，「尭」之爲「充」，爾雅具其義。漢唐諸儒，凡於字義出爾雅者則信之篤。然如「尭」字，雖不解，靡不曉者；解之爲充，轉致學者疑。蔡仲默書集傳：「尭，顯也，」似比近可通。古說必遠舉「尭，充」之解，何歟？雖孔傳出魏晉間人手；以僕觀此字據依爾雅，又密合古人屬詞之法，非魏晉間人

·国故学大纲·
梁溪图书馆
一九二六年版

所能；必襲取師師相傳舊解，見其奇古有據，遂不敢易爾。後人不用爾雅及古注，殆笑爾雅迂遠，古注膠滯；如「光」之訓「充」，茲類實繁。余獨以謂病在後人不能徧觀盡識，輕疑前古，不知而作也。自有書契已來，科斗而篆籀，篆籀而從隸，字畫俛仰，寖失本眞。爾雅，「桄」字，六經不見。說文：「桄，充也。」孫愐唐韻：「古曠反。」樂記：「鐘聲鏗，鏗以立號，號以立橫，橫以立武。」鄭康成注曰：「橫，充也，謂氣作充滿也。」釋文曰：「橫，古曠反。」孔子閒居篇：「夫民之父母乎，必達於禮樂之原，以致五至而行三無，以橫於天下。」鄭注曰：「橫，充也。」疏家不知其義出爾雅。堯典古本必有「作橫被四表」者。橫被，廣被也。正如記所云「橫於天下」，「橫乎四海」是也。橫四表，格上下，對舉。溥徧行及曰橫，貫通所至曰格。「四表」言被，以德加民物言也。上下言於，以德及天地言也。集傳曰：「被四表，格上下」殆失古文屬詞意歟！「橫」轉寫爲桄，脫誤爲「光」追原古初，當讀「古曠反」庶合充霩廣遠之義。而釋文於堯典無音切，於爾雅乃「古黃反，」殊少精覈。』可謂爲國故中之有組織者也。系統云者：或以問題爲中心，或以時代爲先後，或以宗派相連續，於凌亂無序之資料中，爲之理一綱領也。國故先經合理的敘述而蕪雜去，繼經組織的整理而含義顯，乃入之於系統而學乃成。國故學之全體，在今日固未底定，其各部分則四五年來先後告成，若胡適之中國哲學史大綱，梁啟超之先秦政治思想史，……皆是也。

F、國故學字詁　凡各種事物，因研究而得其綱領條目者，謂之學，亦卽科學之簡名也。科學之眞理，不可不爲普遍的，必然的認識；且必適合思考之根本四法則：（一）同一律，（二）矛盾律，（三）排中律，（

·国故学大纲·
梁溪图书馆
一九二六年版

四）充足理由律．故曰『國故學者以國故爲研究之對象，而以科學方法治之，使成爲一科學也．』

界說旣定，探究乃有所附麗．然恐讀者或以余之界說與習常所謂「東方文化」「中國學術」者相混，乃更詳論之：

國故與東方文化中國文化之異點．東方文化初不與國故相混也．「東方」兼指「印度」「中國」而言，與「國故」之專指「中國」，廣狹之間，已不相侔．然自東方文明西方文明之口頭禪出，國人竟有以東方文化爲中國文化之別名者．益以印度國勢衰墮，談者更罕計其文化之眞値矣．實則國故與東方文化之不相同，固較然易知；卽「中國文化」亦未可與「國故」相提並論也．文化一語，原義實指一民族精神方面之發展爲多．卽威爾曼教授（Willmann）所謂言語，文學，信仰，禮拜，藝術，工藝，經濟之創作之全體。中國文化則指中國之言語，文學，……等創作之全體而言若「國故」則僅指其以文字表現於紙片者而言兩者决不可混而爲一。

國故與中國學術之異點　年來「國學」之名盛行，有釋其義爲中國學術者，亦有釋其義爲中國文學者。以國學爲中國文學，其謬易見。其以國學爲中國學術者，則莫知其誤。故有人遂以國故學爲中國學術史之別名。余則以爲國故學與中國學術史之內容與範圍非完全相同也。國故以「五四運動」爲終點，後乎此皆無與於斯學。中國學術史則與時間以俱存，可延長至無限。其不同一也。國故學以研究中華民族之結晶思想爲限；而中國學術史則凡在中國地域所曾有之學術，皆所必載。其不同二也。

國故學之獨立性　他此尚有一義待詳論者。按之常理，國故一經整理，則分家之勢卽成。他日由整理國故而組成之哲學，教育學，人生哲學，政治

·国故学大纲·
梁溪图书馆
一九二六年版

學，文學，經濟學，史學，自然科學……必自成一系統而與所謂「國故」者完全脫離。待各學完全獨立以後，則所謂「國故」者是否尚有存在之餘地？所謂國故學者，何所憑藉而組成爲「學？」如斯詰難，誠「國故學」之暗礁。故論者或以爲國故學乃暫名；國故之資料，未完全整理以前，其名尚可存在。或以爲國故學乃統攝名，分之則爲文學，史學，哲學……等等，合之卽爲「國故學」。國故學之本身，無特殊之本質可言也。使國故學之生命，果如斯其飄搖無定，斯學必無存在之價值，已可燭照。國故學若果能自成爲「學，」必自有其眞實之生命。竊考國故中所含蘊之中華民族精神，與他民族完全異其趨向，與世界三大文化——希臘，希伯來，印度——亦無相似之點。國故雖可整理之以歸納於各學術系統之下，而與他文化系統下之學術相較，仍有其特點。學術含質之特殊點何在？曷爲而產生此特殊之學術？此學術與此民族之生活關係何若？此乃國故學獨任之職務，亦彼之眞實生命也「國故」猶一家之財產，「國故學」猶財產之登記冊；財產雖劃分歸屬，而登記冊之價値，決不變遷故國故學暫時可目爲統攝之名；待各科專立，而吾人欲知此大民族在此長期中所產生之特殊思想，必於此中窺其消息。

糾紛既解，進一步乃可爲態度上之商榷。

資料雖同，而觀察者之立場不同，則所得之結果，必異其趨向。是故對一問題，有從美術方面以研究之者，有從詩情方面以研究之者，亦有純全由實利方面以研究之者，亦有取理知態度以研究之者。名之爲國故學，則必爲科學之研究，則必有一定之理智態度，科學的理智態度，其發達之程度不同，而以下列諸端爲判：

一、(a)崇尚事實（包括高度之精確與不雜私意）段玉裁云：「校

·国故学大纲·
梁溪图书馆
一九二六年版

經之法，必以賈還賈，以孔還孔，以陸還陸，以杜還杜，以鄭還鄭，各得其底本，而後判其理義之是非。不先正註疏釋文之底本，則多誣古人；不斷其立說之是非，則多誤今人』胡適引申其義云：『整治國故，必須以漢還漢，以魏晉還魏晉，以唐還唐，以宋還宋，以明還明，以清還清；以古文還古文家，以今文還今文家；以程朱還程朱，以陸王還陸王，各還他一箇本來面目，然後評判各代各家各人的義理是非。不還他們的本來面目，則多誣古人；不評判他們的是非，則多誤今人。但不先弄明白了他們的本來面目，我們決不配評判他們的是非』兩氏所言皆可引以爲崇尙事實之註脚。其言本淺近易遵，然清代以前之學者，從未注意及茲。吳楚之君自稱王而春秋稱之曰子；踐土之會實召周天子，而春秋諱之曰「天王狩於河陽」在孔氏已開此惡例。他此則莫不如崔東壁所謂：『人之情，好以己度人，以今度古，以不肖度聖賢；至於貧富貴賤南北水陸通都僻壤，亦莫不互相度，往往逕庭懸隔，而其人終不自知也。」大抵文人學士，多好議論古人得失，而不考其事之虛實；余獨謂虛實明而後得失或可不爽。

二、**審愼結論**（包括論斷時之不自是與懷疑。）先哲之治學多以直覺所見及者爲斷案之憑藉。崔東壁云：『史記樂毅傳云：「樂毅徇齊，五歲下齊七十餘城，唯獨莒卽墨未服。」是毅自燕王歸國以後日攻齊城，積漸克之，五歲之中共下七十餘城，唯此二城未下也。此本常事，無足異者。而夏侯太初乃謂毅下七十餘城之後，輟兵五年不攻，欲以仁義服之，以此爲毅之賢；蘇子瞻則又謂毅不當以仁義服齊，輟兵五年不攻，以致前功盡棄，以此爲毅之罪；至方正學則又以二子所論皆非是。毅初未嘗欲以仁義服齊，乃下七十餘城之後，恃勝而驕；是以頓兵兩城之下，五年而不拔耳。——凡其所論皆似有理，然而毅初無此事也』此例卽可推見下斷論之鹵莽滅裂也。治國故學之新態度，卽取與此相反之態度。其態度奈何？曰，「審愼結論」卽非至證據完全充分時，不輕下斷案；不能求得充分證據時，則惟有存疑「求證」與「存疑」二者皆爲治國故學者所當共同遵守者也克里福（Clifford）云『無論何時，無論何地，無論何人，凡沒有充分證據的信仰，總是錯的』愚願學者共識斯言。

三、力求明晰（包括不喜隱晦，模稜及無結束等） 陰陽五行相生相尅之說，在中國學術上儼然成爲中心點。周濂溪曰：『無極而太極；太極動而生陽，動極而靜，靜而生陰，靜極復動。一動一靜，互爲其根，分陰分陽，兩儀生焉。陽變陰合，而生水，火，木，金，土，五氣順布，四時行焉』先儒多樂道其說，然欲求無極太極陰陽水火木金土之眞相，欲知陰陽相變，五行生尅之方式，則瞠然莫能相告。究其弊端，遂至浩渺學林無一有條理之見解，無一有條理之篇什。卽有之，亦如鳳毛麟角耳！治國故學之第三態度，卽此「力求明晰」一語。陽明之良知與孟軻之良知，不相同也；雖陽明託依於孟軻，亦必分離之。道教託始於老子，其說不相合也；雖庸俗以斥道教者斥老子，亦必剖析之。務求見一而知其義，見多而知其別。數千年混用之名詞，必一一定一界說而後已。

總之先哲之治國故者，其態度爲主觀的，情感的，功利的；今後之治國故學者，其態度則趨向於客觀的，理智的，批評的先哲之治國故，猶飲酒者然，神昏志亂，尚囂囂然揚言於衆曰，酒之味何似，酒之益何似！日誘人以飲酒焉。今後之治國故學者，則猶化學師之談酒然，其原質爲何，其過程如何，人飲之其影響

·国故学大纲·
梁溪图书馆
一九二六年版

於身體如何，皆爲之剖析無餘，使人自謀取捨焉。

國故學之界說，治國故學應取之態度，既已如上所言，更進則可以評國故學之眞値。

胡適答毛子水書云：『我們做學問不當先存這個狹義的功利觀。做學問的人當看自己性之所近，揀定之後，當存一個「爲眞理而求眞理」的態度。……學問是平等的。發明一個字的古義，與發現一顆恆星，都是一大功績。況且現在整理國故的必要，實在很多，我們不當先存一「有用無用」的成見，致生出許多無謂的意見。』斯論誠當。研究國故，與研究一切學術均相同，皆不應重視結果與應用，隨流俗以俱靡也。今茲所謂「評値」與流利之功利觀念不相同。蓋評値云者，乃就學術之本質而言，非就學術之效能而言也。

國故學既爲研究中華民族結晶思想之科學，則息息與中華民族相關，不問可知。由思想而演爲習慣，風俗，制度，亦斑斑可考。吾人於國故之迷戀者固嗤其愚；然欲捨國故以謀窺探此民族思想，其道無由。愚敢爲國故學作一評價語曰：『龐雜紛亂之千年遺物，將由國故學而見其條理；兀然獨立之民族思想，將由國故學而辨其方式；數千年興廢之跡，將由國故學而知其因果。故國故學非國糟，亦非國粹，一遺產之總賬，以備主人之考查而已。』

儒家思想爲中華民族思想之脊梁，今則已衰老矣。謂儒家復興而民族生命可以重新；誠如醉迷譫語，夫誰信之！吾儕治國故學，無「使之日新月異，以應時勢之需」之奢望。惟後期之儒家生活，以遏慾爲主。及其弊也，貌循規而行踰常，言遵禮義而心縱淫慾。士大夫之於禮教，皆「勉強而制爾」，豈心誠悅之耶！自歐洲文化東來，遏慾之堤，已橫決無餘。遏慾之後，必將繼之以縱慾，其趨勢亦已完全造成。且物質文明之賸餘產物，以東亞大陸爲尾閭，縱慾

·国故学大纲·
梁溪图书馆
一九二六年版

者乃得予取予求而無所顧忌，其勢益張。此則稍涉足國內諸大商埠者，皆能知之。民族生活之縱慾如此，苟非造成一新傾向，則中華民族必將如羅馬民族之墮廢，可斷言也。故愚更爲國故學下一評價語曰：『中華民族思想衰老之過程，由國故學可得其年輪；中華民族精神上之病態，由國故學可明其表裏。故國故學非國糟，亦非國粹，一東亞病夫之診斷書，以備用藥時之參證也。

一

歐洲之民族生活，在希臘時代以內之完全表現爲極則，亦卽享樂現實之尊美生活。及羅馬衰亡，希伯來精神攘希臘精神而奪其位；於是其生活一變而爲尊靈的生活，以一切物慾爲諸惡之本源，以天國爲人生之圓滿的終結。逮乎近世，其生活之方式，處處皆露靈肉衝突之痕跡。中華民族之生活方式，在在與之相反，既非尊肉，又非重靈，亦非靈肉衝突；其所懸之準則，乃以肉統攝於靈而肯定現實生活也。今兩大民族已相接觸矣，生活之矛盾與苦悶，已露端倪矣，我中華民族將容納歐人之生活方式耶？抑覺醒而後，將別求一生活之途徑耶？歧途之不容徬徨，解决迫在眉睫，徵之近頃之思潮，已可概見。故愚更爲國故學下一評價語曰：『中華民族生活之新傾向將由國故學而覘其朕兆，靈肉之調和與衝突，將由國故學而決其取捨，故國故學非國糟亦非國粹，一舊工程之測量圖，將此備新建築之參證也。

·国故学大纲·

梁溪图书馆

一九二六年版

國故學大綱

第二章　國故學之研究法(一)

——辨僞方法論——

國故學以「國故」爲研究之對象，以科學方法爲研究之工具，以「客觀」爲研究之態度，前言之矣。故國故學之研究法，卽客觀的科學方法也。往昔學者治學，不解治學之方法，全憑主觀臆測，故歷時千載，一無所就。治「國故」不解整理國故之方法，故治絲益棼，國故依然埋沒於葛籐荆棘中。吾儕治國故學，首重研究法，卽以國故已淆亂於迷戀者之手，非採用新方法，無以底定國故學也。

研究國故學之方法，其各部分大都與其他科學相類。惟「國故」本身在今日滿受塵封，蔓葛糾繞；故斬葛去塵，最爲先務。本章所論，先整理而後研究，職此之故。方法之犖犖大者凡八，列表如左：

- 研究法
  - 辨僞方法
  - 校讎方法
  - 攷證方法
  - 整理方法
    - 圖表式
    - 索引式
    - 總帳式
  - 探究方法
    - 化分
    - 化合

治國故學，以辨僞爲先；今茲講討研究法，亦以辨僞方法居首。誠以國故資料，汗牛充棟，總計册帙，殆千萬卷而盈。然千萬卷中，牛溲馬渤，確於學術上有價值者十不一二；其有價值者，則又如王充所謂：「前儒不見本末，空生虛

·国故学大纲·
梁溪图书馆
一九二六年版

說。後儒信前師之言，隨舊述故，滑習辭語，苟名一師之學，趨爲師教授。及時蚤仕，汲汲競進，不暇留精用心，考實根核。故虛說傳而不絕，實事沒而不見，五經並失其實。』（正說篇）東漢迄今，又二千載，二千年中，假託者日多，附會者益衆，日復一日，遂至無一可讀之書，無一可信之籍。若以此不可信者爲國故學之對象，『則吾國歷史便成一怪物；蓋社會進化說全不適用，而原因結果之理法亦將破壞也。』（梁啟超中國歷史研究法）且使學說之眞相，次序，與系統，完全軼乎常軌。崔東壁云：『近世小說有載孔子與采桑女聯句詩者云：「南枝窈窕北枝長，夫子行陳必絕糧。九曲明珠穿不過，回來問我采桑娘。」謂七言詩始此，非柏梁也。夫柏梁之詩，識者已駁其僞；而今且更前於柏梁數百年，而託始於春秋，嗟夫！嗟夫！彼古人者，誠不料後人之學之博之至於是也。』此卽謂依僞書以爲據，則文學進化將失其序，治文學者將靡所適從矣。張之洞輶軒語云：「一分眞僞，而古書去其半；一分瑕瑜，而別朝書去其十之八九。」吾人一味斯語，則辯僞書之切要可知矣。

僞書發生之原因，屬於心理者凡六，屬於人事者凡二。常人尊古賤今，以黃、農、堯、舜之世爲黃金時代。學者欲取信於世，乃託古以自重。如孔孟之託堯、舜，墨家之託大禹，許行之託神農，醫家之託黃帝、岐伯，其始不過稱引古說，其徒乃變本加厲，則或專造一書題爲古人所著以張其說。此託古聖以自重，乃僞書發生之一因也。王莽謀篡，劉歆助之，以其事必師古之心理，利用「校中祕書」之地位，乃贋造或竄亂古書以爲後援。今之所謂古文者，如周禮左傳之流，皆出其手。此造僞以逢君之惡，乃僞書發生之二因也。秦火以後，典籍散亡。漢代尋搜遺書，廣開獻書之路。獻書可以邀賞謀利，僞書遂滋生。有時雖得眞本，亦因篇幅過少，夾雜添增以擴篇幅，如莊子韓非子之類。此「利令智昏」

·国故学大纲·
梁溪图书馆
一九二六年版

」乃僞書發生之三因也。『鄭康成，東漢名儒也，所註雖不盡是，然亦未嘗盡非；而王肅百計攻之以求勝。然而公道難奪，卒不可勝，於是其徒雜取傳記諸子之文，僞撰古文尙書孔子家語以欺世人而伸肅說』此造僞以爲立異爭名之手段，乃僞書發生之四因也。佛教東來，道家起而與之角逐，乃贗造怪誕不經之書嫁名古人以爲武器，而有所謂道藏者出。此造僞以嚴門戶之見，乃僞書發生之五因也。』明中葉以後，學子漸厭空疏之習，有志復古而未得正路，徒以雜博相尙。於是楊愼豐坊之流，利用社會心理，造遠古之書以譁世取名。』此迎合社會心理以沽名，乃僞書發生之六因也。古代以簡册爲記載之具，得之不易；故少泐成定本。其出之於門弟子之追叙者，或以已意參改；其出之於傳鈔者，或合數種而漫圖一名，或因書中多涉及其人，卽指爲其人所作。此爲物質所限，乃僞書發生之七因也。東晉偏安，北地之富庶多舉室南遷，典籍散失亦多，南北又相隔絕。梅賾之徒，乃得乘機以造僞，而古文尙書成。此爲時勢所造成，乃僞書發生之八因也。

綜斯八因，前六者屬於心理，後二者屬於人事，僞書之本源也。他此細瑣之因，則胡應麟所云：『有憚於自名者，如魏泰筆談之類。有恥於自名者，如和氏香奩之類。有假重於人者，如子瞻杜解之類。有惡其人僞以陷之者，如僧孺行化之類。有惡其人而僞以誣之者，如聖俞碧云之類。有竊成作而爲己有者，如化書本譚峭著，宋齊丘竊而序傳之之類。』足以盡之。

唐代以還，學者疑古者漸多。如劉知幾之疑春秋尙書，李翱韓愈之疑論語，柳宗元之疑列子，文子，鬼谷子，晏子春秋，鶡冠子，司馬光之疑孟子，鄭樵之疑詩序左傳，朱熹之疑周禮古文尙書，皆開後人辨僞之緒。洎夫明代，有宋濂之諸子辨，胡應麟之四部正譌，則爲大規模之攷僞，誠有裨於學術界。所惜者，

·国故学大纲·
梁溪图书馆
一九二六年版

宋明學者，多憑一時之衝動，其方法多不精密，故僞書未能定讞，降及淸代，發明辨僞方法而能善於運用，其成績乃駕乎宋明學者之上。辨僞之巨製，可稱凡四：

A、閻若璩古文尚書疏證　梁啓超氏云：『此書之僞，自宋朱熹元吳澄以來，既有疑之者；顧雖積疑，然有所憚而莫敢斷。自若璩此書出而讞乃定。夫辨十數篇之僞書，則何關輕重；殊不知此僞書者，千數年來，舉國學子人人習之，七八歲便都上口，心目中恒視爲神聖不可侵犯，歷代帝王，經筵日講，臨軒發策，咸所依據尊尚，毅然悍然辭而闢之，非天下之大勇固不能矣。』

B、姚際恒古今僞書攷　姚氏此書，專辨僞書，其所認爲全部僞作者六十有八，其所認爲眞書雜以僞者凡十，其所認爲書非僞而撰人名氏僞者凡七，其認爲書不僞而書名僞者凡二，其認爲未能定其著書之人者凡四。我國之僞書經其燭照所餘者罕矣。

C、崔東壁攷信錄 攷信錄之方法，與乾嘉學者殊途而同歸。『自標界說，條理秩然，復援引證佐，以爲符驗；于一言一事，必鉤稽參互，剖析疑似，以求其眞』誠『事覈理明，足定千秋之案』也。

D、康有爲新學僞經攷 此書要點：『一，西漢經學，並無所謂古文者，凡古文皆劉歆僞作。二，秦焚書，並未厄及六經，漢十四博士所傳，皆孔門足本，並無遺缺。三，孔子時所用字，卽秦漢間篆書，卽以文論，亦絕無今古之目。四，劉歆欲彌縫其作僞之迹，故校中祕書時，於一切古書多所羼亂。五，劉歆所以作僞經之故，因欲佐莽篡漢，先謀湮亂孔子之微言大義。』自此書一出，舊日之漢學根本搖動，而一切古書皆須從新估價，誠思想界之颶風也。他此則萬斯同之羣書疑辨，萬充宗之周禮辨非，孫頤谷之家語疏證，袁枚之隨園

·国故学大纲·
梁溪图书馆
一九二六年版

隨筆，劉申受之左氏春秋疏證，崔適之史記探源，王靜安之今本竹書記年疏證，皆於辨僞有所表見。惟清人辨僞，其所用之方法則是，其所抱之態度則非。蓋崔東壁康有爲之流，其辨僞卽所以衛道，於學問仍爲不忠實。近頃有顧頡剛者，其辨僞之方法與態度，更進於清代學者，其謂：『中國古史由層累造成時代愈後，傳說的古史期愈後。時代愈後，傳說中的中心人物愈放愈大。我們在這上，卽不能知道某一件事的眞確情狀，但可以知道某一件事在傳說中的最早狀況。』胡適氏許其爲史學界的一大貢獻，洵非誣也。

辨僞之方法，先哲可以師，近賢可以法，廣引博徵以列於後：

胡應麟之言曰：『凡覈僞書之道，覈之七略以觀其源，覈之羣志以觀其緒，覈之並世之言以觀其稱，覈之異世之言以觀其過，覈之文以觀其體，覈之

·国故学大纲·
梁溪图书馆
一九二六年版

事以觀其時，覈之撰者以觀其託，覈之傳者以觀其人；覈茲八者而古今贋籍亡隱情矣。』（四部正譌）崔東壁之言曰『傳記之文，有傳聞異詞而致悞者，有記憶失眞而致悞者；一人之事，兩人分言之，有不能悉符者矣；一人之言，數人遞傳之，有失其本意者矣。故今爲攷信錄，不敢以載於戰國秦漢之書者，悉信以爲實事，不敢以東漢魏晉諸儒之所註釋者，悉信以爲實言；務皆究其本末，辨其同異，分別其事之虛實而去取之；雖不爲古人之書諱其誤，亦不至爲古人之書增其誤也。』又曰『唐虞有唐虞之文，三代有三代之文，春秋有春秋之文，…… 不但其文然也，其行事亦多有不相類者：是故戰國之人稱述三代之事，戰國之風氣也；秦漢之人稱述春秋之事，秦漢之語言也，…… 無他，其平日所聞所見皆如是，習以爲常而不自覺，則必有自呈露於忽不經意之時者；少留心以察之，甚易知也。…… 余生平不好有成見，於書則就書論之，於事

則就事論之，於文則就文論之，皆無人之見存。』（攷信錄提要）

胡適之言曰：『凡審定眞僞，須要有證據，方能使人心服。這種證據，大概可分五種：

（一）史事　書中的史事，是否與作書的人的年代相符；如不相符，卽可證那一書或那一篇是假的。

（二）文字　一時代有一時代的文字，不致亂用。作僞書的人，多不懂這個道理，故往往露出作僞的形迹來。

（三）文體　一個時代有一個時代的文體，一個人也有一個人的文體。後人儘管仿古，古人決不仿今。

（四）思想　凡能著書立說成一家言的人，他的思想學說，總有一個系統可尋，決不致有大相矛盾衝突之處。故看一部書裏的學說是否能連絡貫串，也可帮助證明那書是否眞的。大凡思想進化有一定的次序，一箇時代有一個時代的問題，即有那個時代的思想。大凡一種重要的新學說，發生以後，決不會完全沒有影響。

（五）旁證　還有一些證據，是從別書裏尋出的，故名爲旁證。』（中國哲學史卷上）

梁啟超之言曰：『僞書孔多，吾儕宜招出若干條鑑別僞書之公例，作自己研究標準焉：

一、其書前代從未著錄或絕無人徵引而忽然出現者，什有九皆僞。

二、其書雖前代有著錄，然久經散佚，乃忽有一異本突出，篇數及內容等與舊本完全不同者，什有九皆僞。

三、其書不問有無舊本，但今本來歷不明者，即不可輕信。

·国故学大纲·
梁溪图书馆
一九二六年版

四、其書流傳之緒，從他方面可以攷見，而因以證明今本題某人舊撰爲不確者。

五、眞書原本，經前人稱引，確有左證，而今本與之歧異者，則今本必僞。

六、其書題某人撰，而書中所載事蹟在本人後者，則其書或全僞或一部分僞。

七、其書雖眞，然一部分經後人竄亂之蹟既確鑿有據，則對於其書之全體須愼加鑑別。

八、書中所言確與事實相反者，則其書必僞。

九、兩書同載一事絕對矛盾者，則必有一僞或兩俱僞。

十、各時代之文體，蓋有天然界畫，多讀書者自能知之。故後人僞作之書，有不必從字句求枝葉之反證，但一望文體，即能斷其僞者。

十一、各時代之社會狀態，吾儕據各方面之資料，總可以推見崖略。若某書中所言其時代之狀態，與情理相去懸絕者，卽可斷爲僞．

十二、各時代之思想，其進化階段，自有一定．若某書中所表現之思想與其時代不相銜接者，卽可斷爲僞．』（中國歷史研究法）

要而言之，辨僞方法，前修未密，後進益精，梁胡之說，用以爲鑑別之資，雖不中不遠矣．統括前說，列爲一表：

辨僞方法
- 人事
  - 從著錄傳授上檢查
  - 從文字體裁上檢查
  - 從事蹟制度上檢查
- 時代
  - 從時代背景上檢查
  - 從進化程序上檢查
- 思想
  - 從作者根本主張上檢查
  - 從思潮淵源上檢查
  - 從思想影響上檢查
- 旁證—從他書徵引上檢查

·国故学大纲·
梁溪图书馆
一九二六年版

A、從著錄傳授上檢查——古書流傳有緒，各史經籍志各有記載；若其書突現，必有可疑。

例一、古三墳，晉乘，楚檮杌，一見於左傳孟子而外，古人所從未稱引。隋元和時忽現此書，其僞必矣。

例二、東晉古文尚書，與漢書藝文志所載篇數及他書所載篇名不同，故知非原本。

例三、如毛詩序，史記漢書兩儒林傳，漢書藝文志，皆未言及，故可決爲西漢前所無。

例四、隋書經籍志明言魯詩亡，明末忽出現申培詩說，必僞無疑。

B、從文字體裁上檢查——一時代有一時代之文字，一時代有一時代之體裁，決不相混。作僞者多不自檢點，故攷僞者亦可於此檢查之。

例一、黃帝素問長篇大段的講醫理，不獨三代以前無此文體，卽春秋間亦無此體，用論語老子等書便可作反證。故此書必爲僞託。

例二、尚書二十八篇佶屈聱牙，而古文尚書二十五篇文從字順，什九用偶句，全屬晉人文體。不獨非三代前，並非漢以前所用。

例三、現行關尹子，全屬唐人翻譯佛經文體。不獨非與老聃同時之關尹所能作，又不獨非劉歆校定七畧時人所能作，乃至非六朝以前人所能作。

C、從事蹟制度上檢查——書中文句事實，惟有後人徵引前人，決無前人徵引後人之理；若其書犯此，必僞無疑。

例一、管子記毛嬙西施，商君書記長平之役，此管仲商鞅必不能見之事，故兩書必非管商所作。

例二、月令有「太尉」官名，可知非周公所作。

·国故学大纲·
梁溪图书馆
一九二六年版

例三、山海經有漢郡縣名，可見決非伯益所著。

例四、易林引左傳，左傳東漢始傳布，可知決非西漢焦延壽所著。

D、從時代背景上檢查——思想之產生，必有其背景，孤懸而出之思想，必不可恃。

例一、管仲時都市未發達，經濟集中現狀未成，決不能產生如管子中之經濟思想，故其書必僞。

E、從進化程序上檢查——思想之進化，有一定之程序；若某書與進化程序不合，必僞無疑。

例一、管子一書，於『老子之前，忽然有心術白心諸篇那樣詳細的道家學說；孟子荀子之前，忽然有內業那樣深密的儒家心理學；法家之前數百年，忽然有法法明法禁藏諸篇那樣發達的法治主義。』皆與進化程序不合故其書必僞。

F、從作者根本主張上檢查——『凡能著書立說成一家言的人，他的思想學說，總有一個系統可尋，決不致有大相矛盾之處。』一有矛盾，必有一僞。

例一、韓非子第一篇，勸秦王攻韓；第二篇勸秦王存韓，兩相矛盾，故知第一篇必僞。

例二、近人輯黃梨洲遺著內有鄭成功傳一書，稱清兵爲大兵，指鄭氏爲畔道，與梨州思想根本不相容，故知其必誤。

G、從思想淵源上檢查——各思想必有其淵源，不能逾越。某書若亂其淵源，則必僞：

例一、管子有駁兼愛駁寢兵之說，彼時墨翟宋鈃未生，何由生此問題？故知必僞。

·国故学大纲·
梁溪图书馆
一九二六年版

例二、列子有「西方之聖人」等語，其中與佛教教理相同者甚多，故知決非莊子以前之列禦寇所作。

例三、楞嚴經雜入中國五行說及神仙家甚多，故知決非印度人所著。

H、從思想影響上攷查——『大凡一種重要的新學說發生以後，決不會完全沒有影響』。某書之學說，於其時無絲毫影響，其書必僞。

例一、關尹子云：「卽吾心中可作萬物。」又云：「風雨雷電，皆緣氣而生；而氣緣心生。猶之內想大火，久之覺熱；內想大水，久之覺寒。」此乃極端之萬物唯心論。若關尹子時代已有此說，決無毫不發生影響之理。今周秦諸子均未受其影響，其僞可知。

I、從他書徵引上檢查——已佚之書，後人僞造。若從別書發見所引原書佚文爲今本所無，卽可見今本之爲僞。

例一、晉書束晳，王接，摯虞等傳言竹書記年有「太甲殺伊尹，武丁殺季歷」等事，可知當時成爲學界討論之一問題。今本無之，可知必僞。

例二、司馬遷從孔安國問故，史記釋尚書皆用孔義。東晉晚出古文尚書孔傳，文字與釋義皆與史記不同，故知爲僞。

例三、崔鴻十六國春秋，體例略見魏書及史通，明出本與彼不符，故知爲僞。

先哲已攷定之僞書，後學坐受其賜；今爲列表於左，以備查檢：

全部僞	全部僞大略已定	存疑	部分僞	部分僞未決定者	撰人名氏及時代錯誤者
古文尚書及	周禮	尚書百篇序	老子中「夫佳兵不祥」一節	今文尚書中之虞夏書	易彖傳象傳繫辭文言等
孔安國傳	孝經	古本竹書記年	墨子中「修身」「親士」「所染」三篇	左傳中釋經語	儀禮
古文孝經孔安國傳	晏子春秋	穆天子傳	莊子外篇雜篇之一部分	論語後五篇	爾雅
孔子家語	列子	逸周書	韓非子初見秦篇	史記之一部分	小爾雅

·国故学大纲·
梁溪图书馆
一九二六年版

孔叢子	吳子	申子	史記中記昭宣元成之文句	荀子韓非子之一部分	管子
陰符經	司馬法	尸子	楚辭之屈原大招	禮記及大載禮之一部分	商君書
六韜	毛詩序	慎子			孫子
鬻子		尹文子			尚書大傳
關尹子		公孫龍子			山海經
子華子					緯書
文子					周髀算經
元倉子					越絕書
鶡冠子					
鬼谷子					
於陵子					

·国故学大纲·
梁溪图书馆
一九二六年版

尉繚子					
老子河上公注					
陸賈新語					
賈誼新書					
今本竹書記年					

第三章　國故學之研究法（二）

——校勘方法論——

古代著作，經數千年之傳鈔翻印，錯誤日叢；後人日讀誤書，循至著者本義日晦；遂乃一字之是非，引後人嘵嘵之爭辯。故校勘古著，亦治國故學者所必須着意。校勘之方法，清人言之精且詳，王家父子所校勘者，「實足令鄭朱俛首，自漢唐以來未有其比。」惟校勘一事，似易而實難，似粗而實精，不先明古著致誤之由，卽與之言方法，亦難着手。清王念孫讀書雜志中之讀淮南雜志後序與俞樾古書疑義舉例之後三卷，於致誤之由，條舉甚晰；援引入此，俾讀者知所遵循。

綜攷古書致誤之由凡八十一。

（1）因字不習見而誤：

·国故学大纲·
梁溪图书馆
一九二六年版

國故學大綱　二

（例）原道篇：『先者踰下則後者蹷之。』蹷，女展反。故高注云：「蹷，屨也。」音展，非展也。而各本乃誤爲蹶矣。

（2、）因假借之字而誤：

（例）覽冥篇：『蚖蟬著泥百仞之中。』「蚖蟬」與「黿鼉」同。各本「蚖鱓」誤爲「蛇鱓」，則與下文「蛇鱓」相亂矣。

（3、）因古字而誤：

（例）其古文作亓，周易雜卦傳噬嗑，食也；賁，其色也。蓋以食色相對成文；加其字，以足句也。其從古文作亓，學者不識，遂改作元字，雖曲爲之說而不可通矣。

（例）時則篇：『孟秋之月，其兵戉。』戉，古「鉞」字也；而各本乃誤爲「戈」矣。

（4、）因隸書而誤：

（例）時則篇『具栚曲筥筐』高注：『栚，持也。三輔謂之栚。』案「栚」讀若「朕，」架蠶薄之本也。隸書「栚」字或作「樸，」而各本遂誤爲「撲」矣。

（5、）因草書而誤：

（例）齊俗篇『柱不可以摘齒；筳不可以持屋。』高注：『筳，小簪也。』案「筳」讀若「廷，」言小簪可以摘齒，而不可以持屋也。「筳」與「筐」草書相似，而各本遂誤爲「筐」矣。

（6、）因俗書而誤：

（例）原道篇『欲宍之心亡於中，則飢虎可尾。』「宍」俗「肉」字也。藏本「宍」誤作「寅，」而各本又誤作「害」矣。

·国故学大纲·
梁溪图书馆
一九二六年版

(7、)兩字誤為一字：

(例一)說林篇『狂者傷人，莫之怨也；嬰兒詈老，莫之疾也；賊心亡也，賊害也，亡無也，言狂者與嬰兒皆無害人之心也』各本「亡也」之「也」誤為「山」，又與「亡」字合而為「[illegible]」矣。

(例二)襄九年左傳：「閏月」杜注曰：「閏月」當為「門五日」五字上與門合為閏，則後學者自然轉日為月。按古鐘鼎文往往有兩字合書者，如石鼓文小魚作鯊，散氏銅盤銘：「小子作孚」是也。古人作字，但取疏密相間，經典傳寫，則遂并為一字矣。

(8、)誤字與本字並存：

(例)主術篇：『鴟夜撮蚤，察分秋毫』「蚤」或誤作「蚉」，又轉寫而為「蚊」，而各本遂誤作「撮蚤蚊」矣。

（9、校書者旁記之字而闌入正文：

（例）趙策『夫董閼于，簡主之才臣也。』閼與安古同聲，卽董安于也。後人旁記安字，而寫者並存之，遂作董閼安于。

（例）兵略篇『明於奇賅陰陽，刑德五行，望氣候星，龜策禨祥。』「賅」讀若「該，」奇賅者，奇祕之要，非常之術也。校書者不曉奇賅之義，而欲改爲「奇正，」故記「正」字於「賅」字之旁，而各本遂誤爲「奇正賅」矣。

（10）衍至數字：

俶眞篇：『孟門終隆之山不能禁也；湍瀨旋淵之深不能留也，太行，石澗，飛狐，句注之險不能難也。』各本「不能禁也」下衍「唯體道能不敗」六字，則上下文皆隔絕矣。

(11）脫數字至十數字：

（例）原道篇『此俗世庸民之所公見也，而賢知者弗能避，有所屏蔽也』高注云『以諭利欲，故曰有所屏蔽也』各本正文脫「有所屏蔽」四字，則注文不可通矣。

人間篇：『魯君聞陽虎失，大怒，問所出之門，使有司拘之，以爲傷者戰鬬者也，不傷者爲縱之者；傷者受大賞，而不傷被重罪』各本脫「傷者戰鬬」至「縱之者」十三字，則上下文不可通矣。

(12、）誤而兼脫：

（例）原道篇：『輕車良馬，勁策利錣』高注：『策，箠也，錣，箠末之箴也。「錣」讀煓燭之「煓」，「錣」竹劣反，「煓」如劣反』藏本「錣」誤作「鍛，」注文誤作「策箠也，末之感也。」「鍛」讀「炳燭」之「

炳，」則義不可通矣。

(13、)正文誤入注：

(例)主術篇：『故善建者不拔，言建之無形也。』此引老子而釋其義也。各本言建之無形也六字，皆誤作注文矣。

(14、)注文誤入正文：

(例)詩丘中有麻篇：「將其來施。」傳曰：「施施，難進之貌。」箋云：「施施，舒行伺閒獨來見已之貌。」按經文止一施字，而傳箋竝以施施釋之，此以重言釋一言之例，說見前，今作將其來施施，卽涉傳箋而誤衍下「施」字。顏氏家訓書證篇曰：江南舊本悉單爲施。

(例)道應篇：『田鳩往見楚王，楚王甚說之，予以節，使於秦。至，因見惠王而說之。』高解：『予以節，云予之將軍之節。』各本此六字誤入正文

「因見」之下，「惠五」之上，則文不成義矣。

(15、)錯簡：

(例)天文篇：『陽氣勝則日修而夜短，陰氣勝則日短而夜修，其加卯酉，則陰陽分，日夜平矣。』各本其加卯酉三句錯簡在下文「帝張四維，運之以斗」一節之下，則旣與上文隔絕，又與下文不相比附矣。

(例)周易繫辭下傳：神農氏沒，黃帝堯舜氏作，通其變，使民不倦，神而化之，使民宜之。易窮則變，變則通，通則久，是以自天祐之，吉无不利。黃帝堯舜垂衣裳而天下治，蓋取之乾坤。按「易窮則變」二十字，以上下文法言之，殊爲不倫，疑「易窮則變變則通通則久」乃上篇「動則觀其變而玩其占」以下之脫簡。是以自天祐之吉无不利，乃文之重出者也。幸此文重出而爛脫之迹，猶未盡泯，可以校正。當移至上篇曰：是故君子

·国故学大纲·
梁溪图书馆
一九二六年版

居則觀其象而玩其辭，動則觀其變而玩其占，易窮則變，變則通，通則久，是以自天祐之吉无不利。

（16、）因誤致誤：

（例）主術篇：『夫寸生於穮，穮生於日。』「穮」與「秒」同，秒，禾芒也。各本「穮」誤為「⿰禾粟」，「⿰禾粟」字書所無也。而吳氏字彙補乃於禾部收入「⿰禾粟」字，音粟，引淮南子「寸生於⿰禾粟」矣。

（17、）不審文義而妄改：

（例）原道篇：『乘雷車六雲蜺。』謂以雲蜺為六馬也。後人不曉「六字」之義，遂改「六雲蜺」為「入雲蜺」矣。

（18、）因字不習見而妄改：

（例）說山篇：『視日者眩，聽雷者⿰耳農。』⿰耳農，女江反，耳中聲也。後人不識

「聵」字，而改「聵」爲聾，其失甚矣．

(19、)不識假借之字而妄改：

(例)道應篇：『跖之徒問跖曰：「盜亦有道乎？」跖曰：「奚適其有道也．』「適」讀曰「啻」，言「奚啻有道而已哉，乃聖，勇，義，仁，智五者皆備也．」後人不知「適」與「啻」同，而誤讀爲適齊適楚之「適，」遂改「有道」爲無道矣．

(20、)不審文義而妄加：

(例)覽冥篇：『夫燧取火於方諸取露於月．夫燧，陽燧也．』故高注曰：「夫讀大夫之夫．」後人乃誤以「夫」爲語詞，而於「燧」上加「陽」字矣

(21、)不識假借之字而妄加：

·国故学大纲·
梁溪图书馆
一九二六年版

（例）本經篇：『異貴賤，差賢不，經誹譽，行賞罰．』「賢不」卽「賢否」也．因後人不知「不」爲「否」之借字，遂於「不」下加「肖」字矣．

（22、）妄加字而失其句讀：

（例）泰族篇：『趙政不增其德而累其高，故滅；智伯不行仁義而務廣地，故亡．國語曰云云』後人誤以「故亡國」絕句，遂於「國」上加「其」字矣．

（23、）妄加數字至二十餘字：

（例）天文篇：『天有九野，五星，八風，五官，五府．』此先舉其綱，而下文乃陳其目，後人於「八風」加「二十八宿」四字，又於注內列入二十八宿之名，而不知省下文所無也．

泰族篇：『天地之道，極則反，盈則損。』後人於「天地之道」上加「故易之失也卦，書之失也敷，樂之失也淫，詩之失也辟，禮之失也責，春秋之失也制」六句，此取詮言篇文而改之也。不知下文自有『易之失，兒；樂之失，淫；詩之失，愚；書之失，拘；禮之失，忮；春秋之失，訾』六句，若先加此六句，則文既重出而義復參差矣。

（24、）不審文義而妄刪：

道應篇：『遨幼而好游，至長不渝解。』渝解猶懈怠也，後人不知其義，遂以「至長不渝」絕句，而刪去「解」字矣。

（25、）不識假借之字而妄刪：

（例）人間篇：『此何遽不能福乎。』「能」讀曰「乃」，言何遽不乃爲福也。後人不知「能」與「乃」同，遂刪去能字矣。

·国故学大纲·
梁溪图书馆
一九二六年版

(26、)不識假借之字而顛倒其文:

(例)人間篇:『國危不而安,患結不而解,何謂貴智?』「而」讀曰能.言危不能安,患不能解,則無爲貴智也.後人不知「而」與能同,遂致爲「國危而不安,患結而不解」矣.

(27、)失其句讀而妄移注文:

(例)說山篇:無言而神者,載無也;有言則傷其神.之神者,鼻之所以息,耳之所以聽:高解有言則傷其神,云道賤有言而多,反有言故曰傷其神.據此則當以「則傷其神」絕句.其「之神者,」乃起下之詞.之,此也.言此神者,鼻之所以息,耳之所以聽也.後人誤以「則有其神之神者」爲句,而移注文於「之神者」下,則上下文皆不可讀矣.

(28、)既誤而又妄改:

（例）記論篇：『使人之相去也，若玉之與石，葵之與莧，則論人易矣。』玉與石，葵與莧，皆不相似，故易辨也。俗書「葵」字作「葵」，「美」字作「美」。「葵」之上半，與「美」相似，因誤而爲「美」。後人又改爲「美之與惡」，則不知爲何物矣。

（29）因誤字而誤改：

（例）周書謚法篇：「純行不二曰定。」按此本作「純行不忒曰定。」古書忒字，或以貳字爲之。尙書洪範篇「衍忒」，史記宋世家作「衍貳」，是其證也。「貳」僞作「貳」，後人因改作「二」矣。

（例）道應篇：『孔子亦可謂知化矣。』知化謂知事理之變化也。「化」誤爲「禮」，而後人遂改爲「禮」矣。

（30）既誤而又妄加：

（例）俶眞篇：『雲臺之高，墮者折脊碎腦；而蟁蝱適足以翾。』翾，許緣反，小飛也。「翾」誤爲「翺」；後人遂於「翺」下加「翔」字，不知蟁蝱之飛，可謂之翾，不可謂之翺翔也。

（31、）既誤而又妄删：

（例）主術篇：『堯，舜，禹，湯，文，武，皆坦然南面而王天下焉。』藏本作「王皆坦然天下而南面焉，」顚倒不成文理。劉本又删去「王」字，則誤之又誤矣。

（32、）既脫而又妄加：

（例）主術篇：『是故十圍之木，持千鈞之屋；五寸之鍵，而制開闔。』藏本脫「而」字，劉績不能補正，又於「制開闔」下加「之門」二字矣

（33、）既脫而又妄删：

（例）天文篇：『天地之偏氣，怒者爲風；天地之合氣，和者爲雨。』藏本上句脫「地」字，劉本又删去下句「天」字。則是以風屬天，雨屬地，其失甚矣。

（34、）既衍而又妄加：

（例）記論篇：『履天子之籍，造劉氏之冠』「冠」上誤衍「貌」字，後人遂於「籍」上加「圖」字，以與貌冠相對，而不知圖籍不可以言履也。

（例）周易升象傳：『君子以順德，積小以高大。』釋文曰：「以高大」本或作「以成高大」。按此本作積小以成大，正義所謂積其小善以成大名也。後誤衍「高」字而作積小以成高大，則累於辭矣。校者不知高字之衍，而誤删成字，此删削不當而失其本眞者也。

·国故学大纲·
梁溪图书馆
一九二六年版

（35、）既衍而又妄删：

（例）主術篇：『主道員者，運轉而無端，化育如神，虛無因循，常後而不先也。臣道方者，論是而處當，爲事先倡，守職分明，以立成功也。』藏本「臣道方者」作「臣道員者，運轉而無方者。」以上十字藏本原文其「員者運轉而無」六字乃涉上文而衍。劉績又讀「臣道員者」爲句，「運轉而無方」爲句，而於「方」下删「者」字，則誤之又誤矣。

（36、）既誤而又改注文：

（例）原道篇：『夫蘋樹根於水。』高注：蘋，大萍也。正文「蘋」字誤作「萍」。後人遂改注文之「蘋大萍」爲「萍大蘋，」以從已誤之正文矣。

（37、）既誤而又增注文：

（例）俶眞篇：『辯解連環，辭潤玉石。』高注：「潤，澤也。」正文「辭」

字涉注文而誤爲「澤」後人又於注文「潤澤也」上加一「澤」字，以從已誤之正文矣.

(38、)既誤而又移注文:

(例)地形曰篇:『天地之間，九州八柱』下文曰:「八紘之外乃有八極.」高注:八極，八方之極也.正文「八柱」誤爲「八極，」而後人遂移「八極」之注於前，以從已誤之正文矣.

(39、)既改而又改注文:

(例)原道篇:『干越生葛絺』高注:「干，吳也.」劉本改「干越」爲「千越，」并改高注.而不知「千」之不可訓爲「吳」也.

(40、)既改而復增注文:

(例)道應篇:『吾與汗漫期於九垓之上.』高注:「九垓，九天也.」後

·国故学大纲·
梁溪图书馆
一九二六年版

人改「之上」為「之外」又於注之「九天」下加「之外」二字矣.

(41、)既改而復刪注文:

(例)時則篇『迎歲於西郊.』高注:「迎歲,迎秋也.」後人依月令,改「迎歲」為「迎秋,」又刪去注文矣.

(42、)既脫且誤而又妄增:

(例)人間篇『故黃帝亡其元珠,使離朱攫剟索之.』攫,搏也.剟與掇同,拾也.故高云「攫善於搏拾物.」藏本正文脫「攫」字,注文作「剟搏善拾於物,」脫誤不成文理.劉績不達,乃於正文剟上加捷字,斯為謬也.

(43、)既誤且改而又改注文:

(例)俶眞篇「萑扈炫煌」高注:「萑讀曰唯,扈讀曰戶.」藏本「萑」

·国故学大纲·
梁溪图书馆
一九二六年版

誤作「藿，」「扈」誤作「蔰，」注文誤作「蔰讀曰扈。」劉績不能釐正，又改「藿」爲「萑，」并改高注。而不知「萑」之不可讀爲「唯」也。

（44、）旣誤且衍而又妄加注釋：

（例）兵略篇：『發如猋風，疾如駭電』「駭」下衍「龍」字，「電字」又誤作「當，」後人遂讀「疾如駭龍」爲句，而以「當」字屬下讀；且於「駭龍」下妄加注釋矣。若夫入韻之字，或有譌脫，或經妄改，則其韻遂亡。

（45、）因字誤而失其韻：

（例）原道篇：『中能得之，則外能牧之。』「牧」與「得」爲韻。高注：「牧，養也。」各本「牧」誤作「收，」注文又誤作「不養也，」則旣失其義而又失其韻矣。

（46、）因字脫而失其韻：

(例)原道篇:『故矢不若繳,繳不若網,網不若無形之像.』「網」與「像」爲韻.各本「繳不若」下脫去四字,則既失其義而又失其韻矣.

(47)因字倒而失其韻:

(例)原道篇:『游微霧鶩忽怳.』「怳」與「往」「景」「上」爲韻.各本作「怳忽」,則失其韻矣.『幡委錯紾與萬物終始.』「始與「石」爲韻.各本作「始終」,則失其韻矣.

(48)句倒而失其韻:

(例)脩務篇:『契生於卵,啓生於石.』「石」與「射」爲韻.各本「啟生於石」在「契生於卵」之上,則失其韻矣.

(49)句倒而又移注文:

(例)本經篇:『直道夷險,接徑歷遠.』「遠」與「垣」「連」「山

·国故学大纲·
梁溪图书馆
一九二六年版

」「患」爲韻。高注云「道之阸者正直之，夷平也，接疾也，徑行也。」傳寫者以直道二句上下互易，則失其韻，而後人又互易注文以從之。文選謝惠連秋懷詩注引淮南亦如此，則唐時本已誤矣。

(50、)錯簡而失其韻：

(例)誤山篇：『山有猛獸，林木爲之不斬。園有螫蟲，藜藿爲之不采。故國有賢臣，折衝千里。』此言國有賢臣，則敵國不敢加兵，亦如山之有猛獸園之有螫蟲也。各本「故國有賢臣」二句，錯簡在下文「形勢則神亂」之下，與此相隔甚遠，而脈絡遂不可尋。且「里」與「采」爲韻，錯簡在後，則失其韻矣。

(51、)改字而失其韻：

(例)原道篇：『四時爲馬，陰陽騶。』高注：「騶，御也。」「騶」與「俱」「區」「驟」爲韻.後人依文子改「騶」爲「御」則失其韻矣.

(52.)改字以合韻而實非:

(例)道應篇:『攝女知,正女度,神將來舍,德將爲若美,而道將爲女居,惷乎若一新生之犢而無求其故.』此以「度」「舍」「居」「故」爲韻,後人不知「舍」字之入韻而改「德將爲」三字爲「德將來附」以與度爲韻,則下文「若美」二字,文不成義矣.且古音度在御部,附在候部,附與度非韻也.

(53.)改字以合韻而反失其韻:

(例)說林篇:『無鄉之社,易爲肉黍;無國之稷,易爲求福.』「社」「黍」爲韻,「稷」「福」爲韻.後人不識古音,乃改「肉黍」爲肉,以與福」爲韻,而不知「福」字古讀若「偪」,不與「肉」爲韻也.

·国故学大纲·
梁溪图书馆
一九二六年版

(54)改字而失其韻又改注文：

（例）精神篇：『五味亂口，使口厲爽』高注：「厲爽，病傷滋味也」此是訓「厲」爲「病」，訓「爽」爲「傷」「爽」字古讀若「霜」與「明」「聽」「揚」爲韻。後人不知，而改「厲爽」爲「爽傷」，復又改注文之「厲爽」爲「爽病」，甚矣其謬也！

(55)改字而失其韻又刪注文：

（例）要略曰『一羣生之短修，同九夷之風采』高注：「風，俗也；采，事也」「采」與「理」「始」爲韻。後人改「風采」爲「風氣」，幷刪去注文，則既失其義而又失其韻矣。

(56)加字而失其韻：

（例）泰族篇「至治寬裕，故下不賊。至中復素，故民無慝」賊，害也。言政寬則不爲民害也。「匿」讀爲「慝」，謂民無姦慝也。「匿」與「賊」爲韻。後人於「賊」上加「相」字，「匿」下加「情」字，則既失其義而又失其韻矣。

（57）句讀誤而又加字以失其韻：

（例）要略曰：『精神者，所以原本人之所由生，而曉寤其形骸，九竅取象於天，句合同其血氣，句與雷霆風雨，句比類其喜怒，句與晝宵寒暑。』句與者，如也。言血氣之相從，如雷霆風雨；喜怒之相反，如晝宵寒暑也。「暑」與「雨」「怒」爲韻。後人不知「與」之訓爲「如」而讀與雷霆風雨比類爲句，遂於「與晝宵寒暑」下加「並明」二字以對之，則既失其句而又失其韻矣。

（58）既失且脫而失其韻：

（例）泰族篇：『神農之初作琴也，以歸神杜淫，反其天心。及其衰也，流而不反，淫而好色，至於亡國。』「淫」「心」爲韻，「色」「國」爲韻。各本作「神農之初作琴也，以歸神；及其淫也，反其天心。」錯謬不成文理。又脫去「及其衰也」以下十六字，則既失其義而又失其韻矣。

（59）既誤且倒而失其韻：

（例）泰族篇：『天地所包，陰陽所嘔，雨露所濡，以生萬殊。翡翠，瑇瑁，瑤碧，玉珠，文彩明朗，潤澤若濡，摩而不玩，久而不渝。』「嘔」「濡」「殊」「珠」「濡」「渝」爲韻。藏本「雨露所濡以生萬殊」誤作「雨露所以濡生萬物；」「瑤碧玉珠，」又誤在「翡翠玳瑁」之上，則既失其句而又失其韻矣。

（60）既誤且改而失其韻：

（例）覽冥篇：『田無立禾，路無薠莎，金積折廉，璧襲無贏。』璧，文也，與「禾」「莎」爲韻。「薠莎」誤爲「莎薠，」後人又改「贏」爲「理，」則失其韻矣。

（61）既誤而又加字以失其韻：

（溺）說林篇：『予第者金玉，不若尋常之纆。』纆讀若墨，索也。「纆」與「佩」「富」爲韻。「纆」誤爲「纏，」後人於「纏」下加「索」字，則既失其義而又失其韻矣。

（62）既脫而又加字以失其韻：

（例）說山篇：『詹公之釣，得千歲之鯉。』「鯉」與「止」「喜」爲韻。千歲之鯉，上脫得字，則文不成義。後人不解其故，而於「千歲之鯉」下加「不能避」三字，則失其韻矣。

·国故学大纲·
梁溪图书馆
一九二六年版

（63、）兩字義同而衍——古書有兩字同義而誤衍者；蓋古書未有箋注，學者守其師說，口相傳授，遂以訓詁之字誤入正文。

（例）周官：『亨人職外內饔之爨亨煑。』既言「亨，」又言「煑，」由古之經師相傳，以此「亨」字乃「亨煑」之「亨，」而非「亨通」之「亨」，因誤經文「爨亨」爲「爨亨煑」矣。

（64。）兩字形似而衍。

（例）荀子仲尼篇：『求善處大重，理任大事，擅寵於萬乘之國，必無後患之術。』楊按「處大重，任大事，」相對爲文，「重」下不當有「理」字。楊注曰「大重」謂「大位」也，亦不釋「理」字之義。是「理」字衍文，蓋卽「重」字之誤而衍者也。

（65、）涉上下文而衍。

(例)既濟彖辭:『亨,小利貞.』「小」字衍文涉下文「未濟亨,小狐汔濟」而誤衍也.

(66、)涉注文而誤

(例)考工記:『梓人強飲強食,詒女曾孫諸侯百福.』注曰:『曾孫諸侯,謂女後世爲諸侯者.』按正文「諸侯,」當作「侯氏,」此以詒女曾孫侯氏百福八字爲句.

(67、)以注說改正文

(例)段氏玉裁曰:『司巫祭祀,則共匰主及道布及鉏館.』杜子春云:「鉏」讀爲「蒩,」蒩,藉也.書或爲蒩,今本改云「蒩,讀爲鉏;鉏,藉也.」則不可通.

(68、)因誤衍而誤倒

（例）大戴記哀公問於孔子篇：『君何以謂已重焉。』此本作「君何謂以重焉」以「重」卽「已重」，「以」「已」古字通也。後人據小戴記作「已重」，旁記「已」字因而誤入正文校者不知刪削，乃移「以」字於「謂」字之上，使成文理，此因誤衍而誤倒者也。

（69、）因誤奪而誤補。

（例）大戴記曾子立事篇：『多知而無親，博學而無力，好多而無定者，君子弗與也。』按下文云：『君子多知而擇焉，博學而算焉，多言而愼焉。』據此則本文「好多」二字亦當作「多言」。校者因奪「言」字而誤補「好」字，此校補之不當者也。

（70、）一字誤爲二字。

（例）禮記祭義篇：『見閒以俠甒』鄭注曰：『見閒當爲覸。』

·国故学大纲·
梁溪图书馆
一九二六年版

(71)重文作二畫而致誤——古人遇重文，止於字下加二畫以識之，傳寫乃有致誤耳。

(例)詩碩鼠篇：『逝將去女，適彼樂土；樂土樂土，爰得我所。』韓詩外傳兩引此文，並作「逝將去女，適彼樂土；適彼樂土，爰得我所。」又引次章亦云：『逝將去女，適彼樂國；適彼樂國，爰得我直。』此當以韓詩爲正。

(72)重文不省而致誤

(例)周書典寶篇：『一孝子畏哉，乃不亂謀。』按本作『一孝，句孝畏哉，乃不亂謀。』猶下文曰：『二悌，悌乃知序。』「悌」下疊「悌」字，則孝下必疊孝字矣。今作「孝子」畏哉，「子」卽「孝」字之誤也。

(73)闕字作空圍而致誤

(例)大戴記武王踐阼篇：『機之銘曰，皇皇敬，口生㖃，口戕口。』盧注曰：「㖃，恥也。言爲君子榮辱之主，可不愼乎㖃。」㖃，詈也。孔氏廣森補注

·国故学大纲·
梁溪图书馆
一九二六年版

曰：『㖃有兩訓。疑記文本作「㖃生㖃，」故盧意謂君有㖃恥之言，則致人之㖃詈也。』按此說是也。惟其由「㖃生㖃，」故謂之「口戕口，」今作「口生㖃」者，蓋傳寫奪「㖃」字，校者作空圍以記之，則爲口生㖃，遂誤作口生㖃矣。

（74、）本無闕文而誤加空圍。

（例）周書寤儆篇：『欲與無口則，欲攻無庸，以王不足。』按此三句，本無闕文。欲與無則，欲攻無庸，以王不足，皆四字爲句。言欲與之而無則，欲攻之而無庸，以王則不足也。下文「周公之言曰：奉若稽古維王，克明三德維則，戚和遠人維庸。」正對此三句而言。淺人不知「無則」「無庸」相對成文，而以「則」字屬下句，因疑欲與無下，尚有闕文，乃作口以識之耳。

（75、）上下兩句互誤

（例）詩江漢篇『江漢浮浮，武夫滔滔。』王氏引之曰：當作「江漢滔滔，武夫浮浮。」小雅四月篇「滔滔江漢」，此云「江漢滔滔」，義與彼同。「浮」與「儦」聲義相近。江漢滔滔，武夫浮浮，猶齊風載驅篇「汶水滔滔，行人儦儦」也。寫經者，滔滔浮浮，上下互譌。後人又改傳箋以從之，莫能是正矣。

（76、）上下兩句互易

（例）文選干令升晉紀總論曰：『太康之中，天下書同文，車同軌。』李善注引禮記「子曰，今天下書同文，車同軌。」視今本兩句倒置，此或因正文而誤。

（77、）字以兩句相連而誤疊

·国故学大纲·
梁溪图书馆
一九二六年版

（例）周書度訓篇：『是故民主明醜以長子孫，子孫習服鳥獸。』按「子孫」字不當疊，疊者誤也。此以是故民主明醜以長子孫爲句，習服鳥獸爲句，疊「子孫」字則不可通矣。

（78）字因兩句相連而誤脫。

（例）周書程典篇：『思地愼制，思制愼人，思人愼德，德開開乃無患。』按「德開開」三字文不成義，木作「愼德德開，開乃無患」與上皆四字爲句，兩愼德字相連，誤脫其一，而義不可通矣。

（79）字句錯亂。

（例）周易說卦傳：『爲曳其於輿也爲多眚。』按「爲曳」二字當在「其於輿也」之下，其於輿也爲曳，如睽六三，見輿曳是也。睽自三至五正互坎，以經注經，莫切於此矣。

(80、)兩字平列而誤倒

(例)禮記月令篇:『制有小大,度有長短.』按長短當依呂氏春秋仲秋紀作短長.今作長短,則與韻不協矣.

(81、)兩文疑複而誤刪

(例)周書酆保篇:『不深乃權不重.』按此當作「不深不重,乃權不重.」蓋承上文「深念之哉,重維之哉」而言.謂不深念之,不重維之,則其權不重也.後人因兩句皆有不重字,而誤刪其一;不知上句不重,乃重複之重;下句不重,乃輕重之重;字雖同而義則異也.

(82、)据他書而誤改

(例)禮記坊記篇引詩『橫從其畝.』按毛詩作「衡從其畝.」傳曰:「衡獵之,從獵之.」釋文引韓詩作「橫由其畝.」東西耕曰橫,南北耕曰由此經引詩，上字旣同韓詩作「橫，」下字亦必同韓詩作「由.」鄭君疑南北耕，不可謂之由，故不從韓義，而別爲之說曰橫行治其田也.廣雅釋詁曰「由，行也.」鄭訓橫由爲橫行，其意如此.後人據毛詩以改禮記而注義晦矣.

綜觀致誤之由，傳寫舛訛者半，憑意妄改者亦半.故言校勘，必旁求他證以正傳寫之誤，必溯本求源以正臆改之誤.言其方法，則清人已用之成法可以爲資鑑.攷清人校勘之方法凡五：

甲、以古本爲根據而以今本相對比，記其異同，擇善而從.

（例）阮元之論語註疏校勘記引據漢石經殘字，唐石經，宋石經，皇侃義疏，高麗本，十行本，閩本，非監本，毛本，九種古本.

乙、以本書或他書之旁證反證以校正文句之原始的譌誤.

·国故学大纲·
梁溪图书馆
一九二六年版

（例）阮元校勘論語：『君子恥其言而過其行一句』既依皇本高麗本「而」作「之」校其誤，又以潛夫論交際篇，「孔子疾夫言之過其行者」一句而校此句之誤。

丙、攷見原著者之原定體例，用以刋正全部通有之譌誤。

（例）酈元道水經注，舊刻本經文注文混亂已多，戴東原以三公例刋正其譌誤。

丁、根據其他資料，校正原著者之錯誤或遺漏。

（例）史記記戰國時事，六國表和各世家各列傳矛盾之處甚多。乃據世家列傳以校表之誤。或據表以校世家例傳之誤。三國志與後漢書記漢末事各有異同，或據陳校范誤，或據范校陳誤。

戊、根據古韻以刋正其譌誤。

·国故学大纲·
梁溪图书馆
一九二六年版

（例）淮南原道訓『是故無所私而無所公，靡濫振蕩，與天地鴻洞，無所左而無所右，蟠委錯紛，與萬物始終。』王念孫校案「始終」當作終始，公洞爲韻，右始爲韻，若作始終，則失其韻矣。

清人之方法若是，可謂精矣。然『一以故書正新書，依準宋栞，不敢軼其上。其一時據舊藉以正唐宋木石之書，相提而論，據舊藉者，宜爲甲。及其末流淫濫，熹依治要書鈔，御覽諸書以定異字。治要以下，其書亦在木，非無譌亂，據以爲質，此一蔽也。前世引書，或以傳注異讀改正文。經典古今文既異，今文有齊魯之學，古文有南北之師，不得悉依一讀，淩雜用之，此二蔽也。段玉裁臧庸恨之，時出胸憶，謂世所見者悉流俗本，獨已所正爲是。其是者誠諸師所不能駁，而亦頗有錯誤』（國故論衡明解故上）胡適氏亦謂若是之校刋含有多量之危險：

甲、古本經多次之口授手寫，其中難免有錯誤．近人最崇拜，之宋版，亦有好壞．

乙、古書轉引本書之文句，或則引者隨意增減字句，或則翻印有誤．

丙、本書通例，著者或有變例．

丁、古韻亦容易致誤．

故校勘古書，不僅在照本改字，而在本子之批判．清段玉裁有與諸同志書論校書之篇一書，闡明校勘之理甚精：

「校書之難，非照本改字，不譌不漏之難也，定其是非之難．是非有二：曰底本之是非，曰立說之是非．必先定其底本之是非，而後可斷其立說之是非．二者不分，轇轕如治絲而棼，如算之淆亂其法實，而瞀亂乃至不可理．

何謂底本？著書者之稿本是也．何謂立說？著書者所言之義理是也．周禮輪人：『望而視其輪，欲其幎爾而下迆也。自唐石經以下各本皆作「下迆」，唐賈氏作「不迆」，故疏曰：『不迆者，謂輻上至轂兩兩相當，正直不傍迆，故曰不迆也。』文理甚明。今各本疏文皆作「下迆」，其語絕無文理，則非賈文之底本矣。此由宋人以疏合經注者，改疏之「不」字合經之「下」字，所仍之經，非賈氏之經本也。然則經本有二。「下」者是歟？「不」者是歟？曰「下」者是也。「望而視其輪，」謂視其已成輪之牙。輪圜甚，牙皆向下迆邪，非謂輻與轂正直兩兩相當也。經下文，「縣之以視其輻之直，」自謂輪。「規之以視其圜，」自謂圜。輪之圜在牙。上文「轂，輻，牙爲三材，」此言輪，輻，轂，輪卽牙也。然則唐石經及各本經作「下，」是；賈氏本作「不，」非也。而義理之是非得矣。倘有淺人校疏文「下迆」之誤，改爲「不迆，」因以疏文之「不迆」改經文之「下迆」，則賈疏之底本得矣，而於義理乃大乖也。

故校經之法，必以賈還賈，以孔還孔，以陸還陸，以杜還杜，以鄭還鄭，各得其底本，而後判其義理之是非，而後經之底本可定，而後經之義理可以徐定。不先正注疏釋文之底本，則多誣古人。不斷其立說之是非，則多誤今人。」（經韻樓集）

綜觀右文，可得一校勘之根本方法：一，正底本；二，斷立說。復詳列一表於左：

- 校勘方法
  - 正底本
    - 1，據古
      - A，龜甲刻詞。
      - B，古金石。
      - C，古本。
      - D，古注。
      - E，古韻。
    - 2，據義例
      - A，本書義例。
      - B，文字及詁訓。

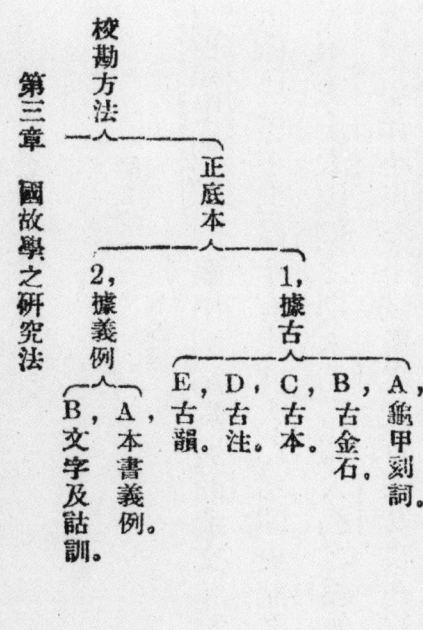

斷立說 1,明糾紛.
2,判義理.

A、據龜甲刻詞　龜甲刻詞爲殷商遺文,其記錄有足以訂古書之失.如卜詞中帝王名謚十有七,其大乙殆卽史記之天乙也.以殷初諸王大丁,大甲,大庚,大戊例之,則天乙當爲大乙之譌無疑.又刻詞中數見大庚,竹書紀年作小庚,今卜詞與史記合,則其誤在竹書可知.(羅振玉殷商貞卜文字考)龜文易日二字恒見,其易字作[illegible]作[illegible]作[illegible]作[illegible],皆易之象形字也.舊釋以爲彤日,(孫貽讓栔文舉例)據此推知尙書之「高宗彤日,」當爲「易日」之譌.易日者,儀禮特牲饋食禮「筮日云,若不吉,則筮遠日如初.」蓋謂卜日不吉,卽改卜祭日也.

B、據古金石　周秦鼎彝款識及漢魏碑版,攷釋家有據以補正古藉者.

·国故学大纲·
梁溪图书馆
一九二六年版

如『金文弔尗二字形近，知書大誥君奭之「弗弔天」多士之「弗弔昊天，」皆不尗之譌。尗今作淑，義訓爲善。詩小雅「不弔昊天，」鄭箋言「不善乎昊天也。」左傳魯哀公誄孔子「昊天不弔，」先鄭注周禮太祝引作「昊天不淑，」斯爲得之。』（吳大澂字說）又金文舉作冃作廾，作冈，蓋商周之酒器。知書顧命「上宗奉同瑁，」鄭注訓同爲酒桮，當卽冃字之譌。（吳大澂字說）

C、據古本（見前例）

D、據古注　古書有本文錯牾，而古人注釋仍根據舊本，足是正今本之失者。如禮記明堂位「夏后氏之四璉，殷之六瑚。」按包咸鄭玄注論語，賈逵服虔杜預注左傳皆「云夏曰瑚，殷曰璉，」與記文不同。據論語云「瑚璉也。」先瑚後璉，則瑚屬夏而璉屬殷明矣。若是夏璉殷瑚，當云「

璉瑚，」不當云「瑚璉」也。（古書疑義舉例）

E、據古韻 已見前例。其易入誤解，亦前已言之。舉例以明之：

易經剝象傳「君子得輿，民所載也；小人剝廬，終不可用也。」又豐象傳「豐其沛，不可大事；折其右肱，終不可用也。」這兩條的韻很不容易說明。顧炎武作易音，竟不懂「用」何以能與「載」「事」爲韻。楊賓實說，兩「用」字皆「害」字之誤。盧文弨贊成此說，謂「害在十四泰，載在十九代，事在七志，古韻皆得相通。古害字作峕，故易與「用」字相混。」王念孫駁之曰：「凡易言君子小人者，其事皆相反。君子得輿，小人剝廬，亦取相反之義，非謂小人不能害君子也。右肱爲人之所用，右肱折則終不可用，折肱則害及肱矣，何言終不可害乎？今案「用」讀爲「以」。蒼頡篇「用，以也。」「用」與「以」聲近兩義同，故「用」可讀爲「

·国故学大纲·
梁溪图书馆
一九二六年版

以」猶「集」與「就」聲近而義同，故集可讀爲就；「戎」與「汝」聲近而義同，故「戎」可讀爲汝也。…… 剝象傳以災，尤，載，用爲韻；豐象傳以災，志，事，用爲韻，於古音並屬「之」部。若「害」字則從丰聲，丰讀若介，於古音屬祭部，（在諸經中，與害爲韻者。）凡發，撥，大，達，敗，晢，逝，外，未，說，率，邁，衛，烈，月，埸，揭，世，艾，歲等字，皆屬「祭」部。偏考羣經楚辭，未有與「之」部之災，尤，載，志，事等字同用者。至於老莊諸子，無不皆然。是害與災，尤，載，志，事五字，一屬「祭」部，一屬「之」部，兩部絕不相通。（經義述聞卷二）

F、據本書義例　見前例。

G、據文字及詁訓　古本經一再傳鈔而誤者甚多，並悉心釐正。其有古語流傳，後人不能通曉，致妄爲解詁，則更非求諸古訓，不能知其乖謬也。

舉例言之：『「究度」古語也。詩皇矣「爰究爰度」已或作「鳩度，」襄二十五年，左傳「度山林，鳩藪澤」是。亦作「軌度」二十一年傳，「軌度其信」是。究，鳩，軌並從九聲，故得通假。劉炫曰：「軌法也。行依法度而言有信也。」則望文誤解，當依古訓正之。

II、明糾紛。 糾紛之第一點，卽在時代觀念之錯誤。第二點卽在主觀色彩之過重。主觀色彩重則自作聰明，強古人以就我，遂致原書因之而淆亂不堪，墮入宋明人奮臆改之書習氣。時代觀念誤，則以今律古，以此律彼，張冠李戴，永不見天日。段氏謂「以賈還賈，以孔還孔，各得其底本，」則糾紛可解矣。

I、判義理。 判義理者，立斷案也。此則全憑學識，非胆大而心細者則不能無所誤。

·国故学大纲·
梁溪图书馆
一九二六年版

第四章　國故學之研究法（三）

——攷證方法論——

攷証古書爲研究國故學之第三步，且較爲切要之部分。蓋國故之本質，本埋沒於蔓草之中，辨僞卽所以去蔓草。國故之本質，本已爲風雨所剝蝕，校勘卽所以復其原。然國故尙爲舊日訓釋家所誤，其本來之意義尙晦而未明，此則有賴於攷證。

先哲對於古書之訓釋，淸儒較爲可信，漢宋諸儒雖卷帙繁富，其可信者則甚稀少。其所以誤解之因，不外「附會」與「鑿壁虛構」兩端；析而言之，具見左列：

A、託古書以申己見　論語『學而時習之』句，朱註：『學之爲言效也；

·国故学大纲·
梁溪图书馆
一九二六年版

後覺者必效先覺之所爲，乃可以明善而復其初也。』此朱熹之託論語以申己見也，非復孔丘之本旨。蓋宋儒以法古爲本，故以「效」訓「學，」而重之以後覺效先覺之說，遂有『夫天下之物，莫不有理，而其精蘊則已具於聖賢之書，故必由是以求之』之說。使孔丘之旨而果如此，則必將如吳稚暉所謂：『那中國只好一代不如一代，這無異說中國人將由痴愚而禽獸，禽獸而蛆蟲，止賸他巍巍然高坐大成殿上了！』按「學」字於論語中凡屢見。如『子路曰：「有民人焉，有社稷焉，何必讀書？然後爲學。」』子夏言賢賢易色四事，而云：『雖曰未學，吾必謂之學矣。』皆可以「讀書」一義訓「學」字。於書本中求知識，理之所有；必強讀書者效其所爲，非愚則妄，朱註之不合一。又如君子食無求飽章曰：『君子食無求飽，居無求安，敏於事而順於言，可謂好學也已！』季氏章曰：『

學詩乎？……學禮乎？』皆可以「研究」一義訓「學。」研究者可獨標見，未聞以效先覺者爲貴，朱註之不合二。且以「效」訓「學，」於「學而時習之」全句，何以爲解？曷若以「讀書」訓「學」之爲愈？朱註之不合三。故朱註，朱熹之私見，與論語原意無涉。

B、望文生義　論語『君子恥其言而過其行』句中之「而」字乃「之」字之誤，宋儒不知其爲底本之誤，強解爲『恥者，不敢盡之意，過者，欲有餘之辭。』原義失矣。老子『行於大道，唯施是畏』句中之「施」字當讀爲「迆，」作「邪」字解。（王念孫引證如下：（甲）孟子離婁，「施從良人之所之，」趙岐注，「施者，邪施而行。」丁公著音迆」（乙）淮南齊俗訓，「去非者，非排邪施也。」高誘注，「施，微曲也。」（丙）淮南要略，「接徑直施，」高注，「施，邪也。」（丁）史記賈生傳，「庚子日施兮，」

·国故学大纲·
梁溪图书馆 一九二六年版

漢書作「日斜兮」(戊)韓非子解老篇「所謂大道七者，端道也。所謂貌施也者，邪道也。」)而王弼河上公注皆作「施爲」解，原義失矣。

C、曲爲彌縫

九州之名，禹貢詳之矣；而周官有幽幷而無徐梁，誤也，必必爲之說曰：「周人改夏九州，故名互異」；爾雅有幽營而無青梁，亦誤也，必曲爲之說曰，「記商制也，」此非大誤乎？春秋傳成公之母呼聲伯母曰似，伯華之妻呼叔向妻曰姒，是長婦稚婦，皆相呼以姒也。衞莊公娶於陳曰厲嬀，其娣戴嬀；孟穆伯娶於莒曰戴已，其娣聲已，是妹隨姊嫁者稱娣也。而爾雅云：「長婦稱稚婦爲娣，稚婦謂長婦爲姒」誤矣；必曲爲之說曰：「長婦稚婦，據妻之年論之，不以夫之長幼別也。」此非大誤乎？鄭氏之注禮也，凡記與經異及兩記互異者，必以一爲周禮，一爲殷禮，不則以一爲士禮，一爲大夫禮；此皆不知其本有一誤，欲使兩全，而反致自陷於大謬者也。夏太康時，有窮之君曰羿，而淮南子有「堯時羿射之日」事，說者遂謂羿本堯臣，有窮之羿襲其名也。晉文公舅子犯，戴記謂之舅犯，或作咎犯，而說苑誤以爲平公時人，說者遂謂晉有兩咎犯，一在文公時，一在平公時也。

D、附會成說　論語「攻乎異端，斯害也已」句，朱註引范氏曰：『異端非聖人之道，而別爲一端，如楊墨是也。其率天下至於無父無君，專治而欲精之，爲害甚矣』此附會以成說也。崔適駁之云：『案春秋文十二年傳曰：「惟一介斷斷焉，無他技」解詁曰：「斷斷猶專一也。他技奇巧異端也」孔子曰：「攻乎異端，斯害也已」禮記大學鄭注義同。顏氏家訓省事篇：「古人云，『多爲少善，不如執一；鼫鼠五能，不成技術』近世有兩人，朗悟士也，性多營綜，略無成名，經不足以待問，史不足以討論，文章無

·国故学大纲·
梁溪图书馆
一九二六年版

可傳於集錄，書跡未堪以留愛玩，卜筮射六得三，醫藥治十差五，音樂在數十人下，弓矢在千百人中，天文，畫繪，棋博，鮮卑語，煎胡桃油，鍊錫爲銀，如此之類，略得梗概，皆不通熟，惜乎以彼神明，若省其異端，當精妙也。」顏氏此言正與何氏之言相發明。是異端者，猶書禮之他技，此經之多能。多能乃聖人之事；常人而務多能，必至一無所能。是故斷斷無他者，不攻異端之益也；多爲少善者，攻異端之害也；害在攻，不在異。何平叔已不得其解，云「善道有統，殊途而同歸；異端，不同歸者也」。卽以害承異言矣。昌黎遂以異端與佛老並言；朱子乃證明其義曰：「異端，非聖人之道，而別爲一端，如楊墨是也。」案夫子之時，楊墨未生，何由知之？孟子之闢楊墨，雖廣爲之目，曰邪說，曰詖行，曰淫辭，而不謂之異端，則異端非楊墨之謂也。」

E、以意相度 崔東壁云：『偶閱雲谷雜記記蘇子瞻集事，其事雖小，然可喻大。子瞻過虔州，有「行看鳳尾詔，卻下虎頭州」之句。虎頭蓋指虔也；「虔」與「虎」皆從「虍」，董德元言，「虔州俗謂之虎頭城」是也。注者乃云「虎頭，顧愷之也。愷之，常州人。蓋是時，先生乞居常州也。」夫不知虎頭之爲虔，因其學之不廣；然天下之書，豈能盡見？缺之未爲大失也。強以意度之，而屬之顧愷之，則其失何啻千里？』

F、張冠李戴 孟子斥陳相曰：『今也南蠻鴃舌之人，非先生之道。……魯頌曰「戎狄是膺，荊舒是懲，」周公方且膺之；子是之學，亦爲不善變矣。』又滕文公章孟軻痛排楊墨，謂：『聖王不作，諸侯放恣，處士橫議，楊朱墨翟之言盈天下。楊氏爲我，是無君也；墨氏兼愛，是無父也！…… 詩云「戎狄是膺，荊舒是懲，則莫我敢承，」無父無君，是周公所膺也：』攷之

·国故学大纲·
梁溪图书馆
一九二六年版

閟宮原詩，則上云「周公之孫，莊公之子，」下云「戎狄是膺，荆舒是懲，則莫我敢承！」一足證孟軻之妄。卷耳一詩，乃婦人念其遠行之夫，作此以自嘆。而毛傳解此詩，執左傳「周行官人」一語，以爲后妃求賢審官；後儒復拘守勿失，其誤甚矣。皮錫瑞云：『就詩而論，有作詩之意，有賦詩之意。故詩有正義，有旁義，有斷章取義；以旁義爲正義則誤，以斷章取義爲本義，尤誤。』毛解之誤，坐以斷章取義爲正義也。

G、以意逆志　孟子盡心章：『公孫丑曰，「詩曰，『不素餐兮，』君子之不耕食，何也？」孟子曰：「君子居是國也，其君用之則安富尊榮；其子弟從之則孝弟忠信。『不素餐兮，』孰大於是！」』顧頡剛云：『我們試把魏風伐檀篇翻來一證，「坎坎伐檀兮，寘之河之干兮。河水清且漣兮。不稼不穡，胡取禾三百廛兮？不狩，不獵，胡瞻爾庭有懸貆兮？彼君子兮，不素餐兮！

」這明明是一首寫君子不勞而食的詩，那時說君子，猶後世說「大人先生，」只是貴的意思，並沒有好的意思。所說「不素餐，」猶說「豈不素餐，」全沒有「其君用之則安富尊榮，其子弟從之則孝弟忠信」的意思。不但沒有，並且適在孟子所說的反面。公孫丑的問句並沒有錯，孟子的回答卻大錯了！這種的以意逆志，眞覺得危險萬分！」

H、誤解託言 戰國之時，說客辨士，好借物以喻其意。……乃漢晉著述者，往往誤以爲實事，而采之入書；學者不復攷其所本，遂信以爲眞有，而不悟者多矣。如春秋傳子太叔云，「嫠不恤其緯，而憂宗周之隕，爲將及焉。」此不過設言耳；其後衍之，遂謂漆室之女，不績其麻而憂魯國；其後又衍之，遂謂魯監門之女嬰，憂衞世子之不肖，而有「終歲不食葵，終身無兄」之言；若眞有其人其事者矣。由是韓嬰竟采之以入詩外傳，劉向釆之以入列女傳傳之，益久，信者愈多，遂至虛言竟成實事。古者日官謂之日御，故曰：「天子有日官，諸侯有日御。」羲仲和仲爲帝堯臣，主出納日，以故謂之日御；後世失其說，遂誤以爲御車之御，謂羲和爲日御車。故離騷「云吾令羲和弭節兮，望崦嵫而勿迫，」已屬支離可笑。又有誤以御日爲浴日者：故山海經云：『有女子名羲和，浴日於甘淵。』則其謬益甚矣！古者羲和占日，常儀占月；常儀，古之賢臣，占者，占驗之占，常儀之占月，猶羲和之占日也。儀之音，古皆讀如娥。後世傳訛，遂以儀爲娥，而誤以爲婦人；又誤以占爲占居之意，遂謂羿妻常娥，竊不死之藥而奔於月中。由是詞賦家相沿用之，雖不皆信爲實，要已誣古人而惑後世矣。

I、糅合陰陽五行　緯書稱三代之祖，出於天之五帝；鄭氏緣此遂以禘爲祭天，而謂小記禘其祖之所自出，爲禘其始祖之所自出。王氏雖駁鄭

·国故学大纲·
梁溪图书馆
一九二六年版

氏祭天之失，而仍沿始祖所自出之文；由是始祖之前，復別有一祖在，豈非因緯書而悞乎？

J、增字解經 大學「致知」詞，王陽明以「致良知」釋之，謂：『昏闇之士，果能隨時隨物，精察此心之天理，以致其本然之良知，則雖愚必明，雖柔必明。』此增字以釋經，大學之本旨失矣。

K、一以貫之 程伊川云：『今日格一件，明日格一件，積習既多，然後脫然有貫通處。』又云：『自一身之中至萬物之理，但理會得多，自然豁然有覺悟處。』朱熹云：『至於用力之久，而一旦豁然貫通焉，則衆物之表裏精粗無不到，而吾心之全體大用無不明矣。』此宋人之方法論也。其忘想最後無上之智慧，遂至一無所獲。

語云：『前事不忘，後事之師也。』漢宋諸儒治學之失敗，正昭示吾人以新途徑。清儒之攷證，較漢宋大有進步。攷證古書，其方法奚若？比次以述之：

甲、段玉裁之方法論：

『其得於學不以人蔽己，不以己自蔽，不爲一時之名，亦不期後世之名。有名之見其弊二：一非掊擊前人以自表曝，卽依傍昔儒以附驥尾，二者不同而鄙陋之心同。私智穿鑿者，或非盡掊擊以自表曝，積非成是而無泛知，先入爲主而惑以終身；或非盡依傍以附驥尾，無鄙陋之心而失與之等。』——答鄭用牧書。

『志存聞道，必空所依傍，漢儒故訓，有師承，有時亦傅會，晉人傅會鑿空益多，宋人則恃胸臆以爲斷，故其襲取者多謬，而不謬者在其所棄。我輩讀書，原非與後儒競立說，宜平心體會。經文有一字非其的解，則於所言之意必差，而道從此失。宋以來儒者，以己之見硬坐爲古聖賢立言之意，

·国故学大纲·
梁溪图书馆
一九二六年版

而語言文字實未之知；其於天下之事也，以己所謂理強斷行之，而事情源委隱曲實未能得，是以爲於心無愧，而天下受其咎，其誰之咎，不知者且以實踐躬行之儒歸焉。』——與某書。

『凡僕所以尋求於遺經，懼聖人之緒言闇沒於後世也。然尋求而有獲十分之見者，有未至十分之見者；所謂十分之見，必徵諸古而靡不條貫，合諸道而不留餘議，鉅細畢究，本末兼察。若夫依於傳聞以擬其是，擇於衆說以裁其優，出於空言以定其論，據於孤證以信其通；雖溯流可以知源，不目睹淵泉所導，循報可以達杪，不手披枝肄所歧，皆未至十分之見也。以此治經，失不知爲不知之意，而徒增一惑以滋識者之辨之也。既深思自得而近之矣，然後知孰爲十分之見，孰爲未至十分之見。如繩繩木，昔以爲直者，其曲於是可見也；如水準地，昔以爲平者，其坳於是可見也；

夫然後傳其信不傳其疑，疑則闕，庶幾治經不害』——與姚姬傳書。

『學有三難：淹博難，識斷難，精審難。三者僕誠不足以與於其間，其私自持及爲書之大概，端在乎是。前人之博聞強識，如鄭漁仲楊用修諸君子，著書滿室，淹博有之，精審未也。』——與是仲明書。

『知十而皆非眞，不若知一之爲眞知也。』——娛親雅言序引。

『信古而愚，愈於不知而作。但守推求，勿爲株守』——與王鳳喈書。

『學者莫病於株守舊聞而不復能造新意，莫病於好立異說而不深求之以至其精微所存。』——春秋究遺序。

乙 崔東壁之方法論：

『今爲攷信錄，不敢以載於戰國秦漢之書者悉信以爲實事，不敢以東漢魏晉諸儒之所注釋者悉信以爲實言，務皆究其本末，辨其同異，分別

·国故学大纲·
梁溪图书馆
一九二六年版

其事之虛實而去取之；雖不爲古人之書諱其誤，亦不至爲古人之書增其悮也！』——提要上。

『今爲考信錄，悉本經文以證其失，並爲抉其誤之所由，庶學者可以攷而知之，而經傳之文不至於終晦也！』——提要上。

『今爲考信錄，凡無從考證者，輒以不知置之，寧缺所疑，不敢妄言以惑世也。』——提要上。

『今爲考信錄，寧缺毋濫，卽無所害，亦僅列之備覽；寧使古人有遺美，而不肯使古人受誣於後世。』——提要上。

丙、王氏父子之方法論：

『說經者期於得經意而已；前人傳注不皆合於經，則擇其合經者從之；其皆不合，則以己意逆經意，而參之他經，證以成訓，雖別爲之說，亦無不可。必欲專守一家，無少出入，則何邵公之墨守見伐於康成者矣。故……諸說並列，則求其是，字有假借，則改其讀，蓋熟於漢學之門戶而不囿於漢學之藩籬者也。』——經義述聞序。

『揆之本文而協，驗之他卷而通，雖舊說所無，可以心知其意者也。……乃遂引而伸之，以盡其義類。』——經傳釋詞序。

丁、清儒治學方法之綜結（一）——胡適

『1、研究古書，並不是不許人有獨立的見解，但是每立一種新見解，必須有物觀的證據。

2、漢學家的「證據」完全是例證。例證就是舉例爲證。

3、舉例作證是歸納的方法。舉的例不多，便是類推的證法。舉的例多了，便是正當的歸納法了。

·国故学大纲·
梁溪图书馆
一九二六年版

4、漢學家的歸納手續不是完全被動的，是很能用「假設」的。』

戊、清儒治學方法之綜結（二）——梁啓超

『第一曰注意。凡常人容易滑眼看過之處，彼善能注意觀察，發現其應特別研究之點；所謂讀書得間也。

第二曰虛己。攷證家先空明其心，絕不許有一毫先入之見存，惟取客觀的資料，爲極忠實的研究。

第三曰立說：研究非散漫無紀也，先立一假定之說以爲標準焉。

第四曰搜證：既立一說，絕不遽說爲定論，乃廣集證據，務求按諸同類之事實而皆合。

第五曰斷案，第六曰推論：經數番歸納研究之後，則可以得正確之歸納案矣；既得斷案，則可以推論於同類之事項而無閡也。』

清儒之攷證方法都如上述；運用此方法，收獲已甚豐。錢大昕之攷古韻，王引之之釋古詞，皆爲重要之發明。茲舉錢大昕所攷「古無輕脣音」一條，及王引之釋「焉」一條爲例：

『凡輕脣之音，古讀皆爲重脣。詩：「凡民有喪，匍匐救之。」檀弓引詩作「扶服，」家語作「扶伏。」又「誕實匍匐，」釋文本亦作「扶服。」左傳昭十二年「奉壺飲冰以蒲伏焉。」釋文本又作「匍匐。」「蒲」本亦作「扶。」昭二十一年「扶伏而擊之，」釋文本或作「匍匐。」史記蘇秦傳：「嫂委蛇蒲服，」范睢傳：「膝行蒲服，」淮陰侯傳「俛出袴下蒲伏，」漢書霍光傳：「中孺扶服叩頭，」皆「匍匐」之異文也。

古讀扶如酺，轉爲蟠。（證畧同下。）

服又轉爲犕。……

·国故学大纲·
梁溪图书馆
一九二六年版

服又轉爲㬥.（音暴）………

伏菢互相訓，而聲亦相轉，此伏羲所以爲庖犧………

伏又與逼通………

古音負如背，亦如倍……書禹貢「至於陪尾」史記作「負尾，」漢書作「倍尾.」………

古讀附如部………

苻卽蒲字………

古讀佛如弼………

古讀文如門………

古讀弗如不………

古讀拂如弼………

古讀繁如鞶。……

古讀蕃如卞。……藩如播。……

古讀僨如奔。……讀紛如豳。……

古讀甫如圃。……

古讀方如旁。……

古讀逢如蓬。……

古讀封如邦。……

古讀勿如沒。……

古讀非如頒。……

古讀匪如彼。……

古文妃與配同。……

·国故学大纲·
梁溪图书馆
一九二六年版

腓與臏同。……

古音微如眉……

古讀無如模。……又轉如毛。……又轉爲末。……

古讀反如變。……

古讀馥如苾。……（以下諸例略）——古無輕脣音。

禮記月令『命舟牧覆舟，五覆五反，乃告舟備具於天子，天子焉（於是）始乘舟。』

晉語『盡逐羣公子，乃立奚齊，焉（於是）始爲令於國。』

墨子魯問『公輸子自魯南遊楚，焉（於是）始爲舟戰之器。』

山海經大荒西經，『夏后開焉（於是）始得歌九招。』

祭法『壇墠有禱，焉（則）祭之；無禱乃止。』

三年問，『故先王焉（乃）爲之立中制節。』

又，『焉使倍之故再期也。』

大戴禮王言篇，『七教修焉（乃）可以守；三至行焉（乃）可以征。』

曾子制言篇，『有知焉（乃）謂之友，無知焉謂之主。』

齊語，『鄉有良人焉（乃）以爲軍令。』

吳語，『吾道路悠遠，必無有二命焉（乃）可以濟事。』

老子，『信不足焉，（於是）有不信。』

管子幼官篇，『勝無非義者，焉（乃）可以爲大勝。』

又揆度篇，『民財足則君賦斂焉（乃）不窮。』

墨子親士篇，『焉（乃）可以長生保國。』

又兼愛，『必知亂之所自起，焉（乃）能治之。』

·国故学大纲·
梁溪图书馆
一九二六年版

又非攻，『湯焉（乃）敢奉率其衆以鄉有夏之境。』

莊子則陽篇，『君爲政焉（乃）勿鹵莽治民焉（乃）勿滅裂。』

荀子議兵篇，『若赴水火入焉（則）焦沒耳。』

又，『凡人之動也爲賞慶爲之則見害傷焉（乃）止矣。』

離騷，『馳椒邱且焉（於是）止息。』

九章，『焉（於是）洋洋而爲客』『焉（於是）舒情而抽信兮。』

九辯，『國有驥而不知乘兮焉（乃）皇皇而更索。』

招魂，『巫陽焉（乃）下招曰。』

遠遊，『焉（乃）逝以徘徊。』

僖十五年左傳『晉於是乎作爰田晉於是乎作州兵。』晉語作，『焉作轅田焉作州兵』是『焉』與『於是』同義。

荀子禮論篇，『三者偏亡，焉無安人。』史記禮書用此文焉作則。老子，『故貴以身爲天下，則可寄天下。』淮南道應訓引此，則作「焉」是『焉』『則』同義。——焉。

於左例，可攷見清代學者治學方法與科學方法符合之點，亦可攷見清代學者研治學問之精審。然吾儕所運用之攷證方法，當爲純科學的，當較清代學者所用之方法更爲精進。蓋現代之科學方法，非以「拿證據來」爲完事。一切證據，須十分準確，十分詳盡，然後整理之使納於一系統，以統計學或其他數學方法處理之，於是乃可得一斷案；其所得之斷案，須其眞實性限於所根據之範圍之中。上列錢氏之例，雖其說足以自證；若以科學方法律之，則尙有未盡善者。唐鉞云：

『（1）他應把重脣音區分爲「幫」「滂」「並」「明」四類而

·国故学大纲·
梁溪图书馆
一九二六年版

看他們開始變爲輕脣音時是否以類相從，即是否「幫」類變爲「非」類，「滂」類變爲「敷」類，（「非」「敷」兩類，今人已不能分辨，然當時未必如此）「並」類變爲「奉」類，「明」類變爲「微」類，（最後一種變化，當然顯而易見）；

(2)他應該研究重脣變爲輕脣後，會不會再變爲別的音，（如「非」類變爲「曉」類，福州音此例甚多，）并此後會否以次又變爲重脣音；

(3)他應研究重脣音之字有至今還是重脣的，這等不變音的字，有否共同之點；

(4)他應研究重脣變爲輕脣時，與緊跟重脣音後的音素有否什麼關係。

假如他把這和其他連帶的問題詳細的研究，那末他對於中國學界的貢獻一定不止一些零星的發見了。

這樣看來，錢氏既沒有用眞正科學的方法，又缺乏科學的態度。他所用的，仍是讀書做劄記，（劄記是應該做的，不過只算是初步的工夫，）和偶然觀察的方法。所以雖然他的發明力那樣大，而成就不能夠與之相稱。——唐鉞文存頁二百五十四.

所謂純科學之攷證方法，卽以科學方法用爲攷證之資也。科學方法之重要部分爲二：一曰歸納，一曰演繹。由歸納以立假設，由演繹以求證驗，相互爲用。歸納之方法，彌兒（Mill）編理之爲五：

A、求同，(The Method of Agreement)

B、求是，(The Method of Difference)

·国故学大纲·
梁溪图书馆
一九二六年版

C、同異交得，(The Method of Agreement and Difference)

D、共變，(The Method of Conmitant Variation)

E、求餘。(The Method of Residues)

彌兒名學中有借結露一事以明歸納方法者，其言甚暢：

『假如吾黨見零露之現象，而欲考其因，第一事當先知露爲何物。知其物者，在瞭然其現象之爲何，與所欲識其因者爲何等事實也。今夫露不獨非雨雹也，而一切烟霧潮濕諸意，皆不可以闌入，則知露之爲物，乃天氣晴明之時，物在曠處忽呈之水點。

試先取其相似現象而觀之：則青銅之噓氣，凍研之受呵，最可見者也。暑日汲泉深井，注之玻璃之桮；冬夜聚衆於室，室有玲瓏之牕牖，或在外或在內，涔涔然也；嚴寒累日，而解凍之風忽吹，則牆階之上如潑水矣。凡此皆與露類

·国故学大纲·
梁溪图书馆
一九二六年版

然者也。故比事而觀之，知其與露爲同果。然則其因儻有同乎？曰：有之，凡遇此者，皆物寒而氣暖者也。彼春秋夕露，亦皆物寒而氣暖者耶？或曰：不然。露夜物之寒者，以露之滋爲之也。然此甚易辨，則以二熱表，一置草間，一懸空際，當立見矣。於是爲之試驗。今知物之得露者，果皆寒於其氣者也。

於是格物者曰：露之滋物也，必所滋者寒於氣，此用統同之術，而知是二者之不可離也。雖然，露滋物，一現象也；物寒氣暖，又一現象也。用統同之術者，但知是二者之不可以離。而孰因孰果？抑爲一因之共果？彼固莫能辨也。欲辨之，術必有進於是者。進之奈何？益察事實而已。益察事實者，變其境而爲培根所謂之易觀也。必觀易而後有可以統別之新事實，而其要猶在察所驗者之有無，使餘事悉等，而獨所驗之露有存亡者，此則別異之術之所資也。

以磨盪發光一片之金質，置之廣庭之中，雖終夜不得露也；以一片之玻璃，若水晶，置之庭中，則露大滋，使憑虛平置之，則片之上下皆有露；一則得果，一則不得果，此眞懸殊之二觀矣。雖然，別異之術，未許施也。何則？以所用之二物，非諸德盡同，而獨標一異故。金與玻璃，異撰甚夥。由前所可決知者，是果之異，必從金與玻璃之異撰而生耳。假使吾知玻璃，若草木，若衣襟，凡一切之可以得露者，其德有所獨同；又知諸金與一切之不得露者，其德亦有所獨同，而又同無前之所同有者，則眞別異術之所資，以明露之因果，得是爲至足。而吾將於前後二同之間，得眞因之所在矣。明此，則其所進求者，抑可知已。

從金片與玻璃之異驗，而知果之遞殊，由於物質；然則欲爲易觀，莫若歷驗異質之物。乃今承露之物資變，而露之燥潤果殊，且見物之最不善傳熱者，其得露常最多，愈善傳熱，露亦愈少。由是入理彌繁，而消息一術，有必用者。何則？物質傳熱，固有通梗之遞差，而無有無之相絕也。亦由是而知，使餘事正同，

·国故学大纲·
梁溪图书馆
一九二六年版

則物質得露之滋濕，與其沮熱之撰德，有大略比例。得此而前者金質與玻璃二版得露之異，乃可言矣。

前所用之金片與玻璃，皆磨盪發瑩之平面也；乃今變而用其粗糙者，將其果又以異鐵金類也。然吾銼其面使之澀，則露下之；更取而鬆之黔之，則露愈下，速於縑紙之漆者也。然則果之殊也，其於物不僅系以質，抑於其面之精粗色澤，又有辨也。故吾今之試驗也，即一質而數變其面焉。此所謂資別異之術，以通消息者也。乃於此又得其等差，知凡面之善於輻熱，（凡物居中樞而其氣力四射者謂之輻以其加圓輪之輻線故此文家實字虛用法也）而散熱最易者，其承露亦最滋；然以物面輻熱有差，而散熱之德無盡絕者，故非咨於消息之術又不可。且知露之滋物，使餘事正同，其滋濕與物面輻熱之遲速，又有大略比例，其輻熱愈速，其得露愈滋，此則物質之外，別爲得露之因緣者矣。

且露之滋物，不獨以物質之不齊，膚面之瑩澀，色澤不同，而爲異也。其於物理之疏密，質點之浮實，又以爲差。物之理密質堅，若金石晶甆，其得露遜於布絮毛毳之屬；然則內籀之功，又不得不咨於消息。蓋質理疏密，物有等差，世間固無極密之分，而不可以言疏，亦無極疏之量，而不可以言密者，故其理可以言優劣，而不可以言有無；不可以有無云者，非別異之術所得驗也。消息術用，則知露之滋物，使餘事從同，其理疏者，承露之滋，過於理密；是二者之間，又有其大略之比例。合之前二，乃以成三。第此例雖若特起，而其實則已爲第一類例之所拚包。蓋第一例言物之傳熱愈劣，則其承露愈滋；而第三例所稱理疏之物，卽其傳熱甚劣者耳。氈毳蒙茸，資以禦冬，其理無他，卽以傳熱不易，外氣雖寒，而內暖得以無泄故也。第三例之理，正以證實第一例之所標者。

合前事而觀之，知物之承露而滋者至衆矣，其爲物乃有所同；而所同者

·国故学大纲·
梁溪图书馆
一九二六年版

一，以其輻熱甚易抑以其傳熱甚難也。輻熱易，故其表之爲散疾；傳熱難，故其裏之爲出遲；舍此而外，靡所同也。若其承露而不可得，抑所承者少，其爲物亦至衆矣。然亦有所同，而同於前德之不見，然則二類之物，其相異之特操不其見歟？緣此，前篇所謂同異合術者，乃大可用，而不侫所有取於是條而舉之，以爲前四術之設事者，以其較著彰明，欲學者察其所以辨物類情，用統同消息之方，以取別異之弟佗云爾。

諦而論之：使吾黨於此，灼然知萬物承露之多少，舍外熱易散內熱難出之外，絕無他因。其於露理，可謂通澈無餘義矣。藉第令尙有他因，而爲吾神識之所未及者，顧於吾例，無所損也。蓋自試驗之餘，吾有以知，卽有他因，亦必與所得者並行不悖故也。是故所得之理，縱非正因，而所謂表熱易散內熱難出者，要終與正因爲不可離析之實理。故日用常行，據此以推事實，卽視已得之例爲全因，爲正因，亦可以無大過也。

方吾之始窮此理也，曰凡物之得露者，必較外物爲寒也。顧因其寒乃露歟？抑因露而寒歟？孰先孰後，莫由決也。乃今能決之矣，物固因其寒而後得露也。故凡能得露之物，置之廣庭之中，卽不得露，其物將自較外物爲寒，是物之寒，不緣露而起，乃今得露焉，是寒而露非露而寒也明矣。——嚴譯名學。

用此攷察結露之方法以攷證國故，則國故之本義必顯。換言之，以科學方法攷證國故，則其成就必遠勝於淸代學者。近如胡適之治諸子學，顧頡剛之治史，所用皆爲科學方法，皆國故學中之曙光也。至攷證古書，所用以爲根據者凡三：

A、根據古義，或用古代字典，或用古代箋註；

B、根據文字假借聲類通轉之理；

C、根據文法。

本章已將結束，愚更引胡適之爾汝篇以明新攷證方法之應用：

『爾汝兩字今人用之已無分別可言惟古人用此兩字果有分別乎，抑無分別乎？

余一夜已就寢矣，忽思及此兩字之區別因背誦論語中用此兩字之句，細比較之，始知古人用此兩字果有分別。明日，更以檀弓證之，尤信。

今先舉檀弓一則，以證吾言：

子夏喪其子而喪其明，曾子弔之；……曾子哭，子夏亦哭，曰：「天乎！予之無罪也」曾子怒曰：「商！汝何無罪也？吾與汝事夫子於洙泗之間，汝退而老於西河之上，使西河之民疑汝於夫子，爾罪一也；喪爾親，使民未有聞焉，爾罪二也；喪爾子，喪爾明，爾罪三也：——而曰汝無罪歟？

·国故学大纲·
梁溪图书馆
一九二六年版

此一節之內凡五用汝，六用爾。其用爾之處，爾字之下皆用名詞。即此一節之內，其區別之點已有三：

（一）爾爲偏次（英文之 Pessessive Case），猶今言「你」也，皆位於名詞之前。

（例） 爾罪　爾親　爾子　爾明。

（二）汝爲主次（英文之 Nominative Case），猶今言「你」也，位於句中動詞之前。

（例）吾與汝事夫子於洙泗之間。

汝退而老於泗河之上。

而曰汝無罪歟？汝何無罪也？

（三）汝爲賓次（英文之 Objective Case），今亦言「你」，位於動詞之後爲其止詞。

（例）使西河之民疑汝于夫子。

若此兩字果無分別，則何以一節之中，忽用爾，忽用汝，如此乎？

此一節已足證古人用汝爾兩字非無分別。然此一節尚未有盡者，今更總括余研究所得之結果，擬爲通則若干條如下：

第一，汝爲單數對稱代詞。

（例）汝弗能救歟？（論語）（主次）

汝與回也孰愈？（論語）（主次）

居，吾語汝！（論語）（賓次）

汝何無罪也？（檀弓）（主次）

以上諸例，汝字指一人而言，故曰單數，今言『你』是也。用於主次賓次皆

·国故学大纲·
梁溪图书馆
一九二六年版

然。

第二，爾爲衆數對稱代詞。

（例）子路，曾皙，冉有，公西華侍坐，子曰：『以吾一日長乎爾，毋吾以也！居則曰，不吾知也。如或知爾，則何以哉？』（論語）（賓次）

孔子先反，門人後至。孔子問焉，曰：『爾來何遲也？』（檀弓）（主次）

以上所舉兩例，爾字所代，不止一人，而爲衆數之人，猶今人言『你們』也，用於主次賓次。

第三，爾爲偏次位於名詞之前，以示其所屬。猶今人言『你的』與『你們的』也。

（例）喪爾子，喪爾明。（檀弓）

反哭於爾次．（檀弓）

毋以與爾鄰里鄉黨乎？（論語）

右爲單數之爾（你的．）

（又）顏淵季路侍，子曰：『盍各言爾志？』（論語）

右爲衆數之爾（你們的．）

第四，爾爲偏次位於代詞『所』字之前．

（例）非爾所及也．（論語）

舉爾所知，爾所不知，人其舍諸？（論語）

以上所舉例，爾字在所字之前．此種用法，於文法上最可玩味．蓋所字爲『關係代詞，』（英文之 Relative Pronoun，）凡有所字之讀皆爲『名詞之讀，』其用與名詞同等，故其前之代詞，當用偏次也．此亦古人謹嚴之一證．

·国故学大纲·
梁溪图书馆
一九二六年版

第五，爾汝兩字，同爲上稱下及同輩至親相稱之詞．然其間亦不無分別．用汝之時所稱必爲一人，而稱一人不必卽用汝，有時亦用爾．稱一人而用爾，蓋有二意：一以略示敬意，一以略示疏遠之情．——皆不如汝之親切也．

（例）陽貨謂孔子曰：『來！予與爾言！』（論語）

賜也，爾愛其羊，我愛其禮．（論語）

來，爾何如？赤，爾何如？（論語）

是以不與爾言．（檀弓）

凡以衆數之對稱代名用作單數之稱，其始皆以示禮貌，或以示疏遠．此在歐文，蓋莫不皆然．其後乃並廢單數之代名而不用，其衆數之代名遂並用於單衆兩數．如英文之 Thou 當吾國古代之汝，其 You 則當吾國古代之

·国故学大纲·
梁溪图书馆
一九二六年版

爾.今英文中已絕少用 Thou 者矣.德文法文,今尙存此區別.其在吾國則論語檀弓兩書作時,爾汝兩字之區別,尙嚴謹如上所云;(兩書之作,皆在孔子死後)至戰國時,則爾汝同爲親狎之稱,或輕賤之稱.孟子全書中不用汝字,亦少用爾字.孟子對於弟子亦皆稱『子』,不復如孔子之稱爾汝矣.(論語中弟子稱孔子爲子.)孟子曰:『人能充無受爾汝之實,無所往而不爲義也』此可見其時人之以爾汝爲相輕賤之稱,而皆避而不用矣.此亦可以考見時代風尙之變遷也.

以上所述諸通則,若以否定語意表示之,則更爲明顯.其式如下:

第一,凡用『汝』之時,汝字所指,定是一人,決非衆數.

第二,稱一人雖可用『爾』而一人以上,決不用『汝.』

第三,凡『爾』作『你的』或『你們的』解時,決不可用『汝』代之.

尚書大禹謨曰：『天之歷數在汝躬。』論語堯曰篇引此語，乃作『在爾躬。』此可見尚書之不可靠，又見此則之嚴也。』——胡適文存卷二

·国故学大纲·

梁溪图书馆

一九二六年版

第五章　國故學之研究法（四）

——整理方法論探究方法論——

整理國故，本非永久之業務；而在今日，則研究國故學者，則非戮心以從事於此工作不可。辨僞，校勘，攷證諸工作，清代學者皆盡心力以爲之，其所收獲，吾人應全部承襲而保留焉。然人自爲說，各標新解，卽以詩經而論：音韻自音韻，訓詁自訓詁，異文自異文，序說自序說，散見於各家著述之中，使後學者望洋興嘆。居今日而不從事於整理，後學者不知將虛糜時間於胡底。且所謂研究國故，決不以辨僞校勘攷證爲完事，必有待於探究；欲探究則必經整理之一過程；故國故學之新建設，卽以整理國故爲其基礎。

整理國故，蓋有三途：一曰圖表式之整理，二曰索引式之整理，三曰總賬式之整理。圖表式者，駕千頭萬緒之名物，納之於一圖一表之中，眉目清楚，形勢若指諸掌。彼此間之因果關係，亦於其間見之。自史記創立十表，已開著作家無量法門。宋之鄭樵，益推闡其價值。清顧棟高取全部左傳事蹟，重新組織過，悉以表體行之，成春秋大事表一書，學者稱便。

國故資料中，有待於圖表式之整理者，次列於左：

一、天文地理，　二、姓氏世系，
三、典章制度，　四、大事起訖，
五、朝代興亡，　六、生卒年月，
七、傳記異同，　八、歷度歲差，
九、其他。

圖表可分為二，圖為橫的表示，表為縱的表示。姑舉十例以舉一隅：

·国故学大纲·
梁溪图书馆
一九二六年版

示例一、就地域以示位置

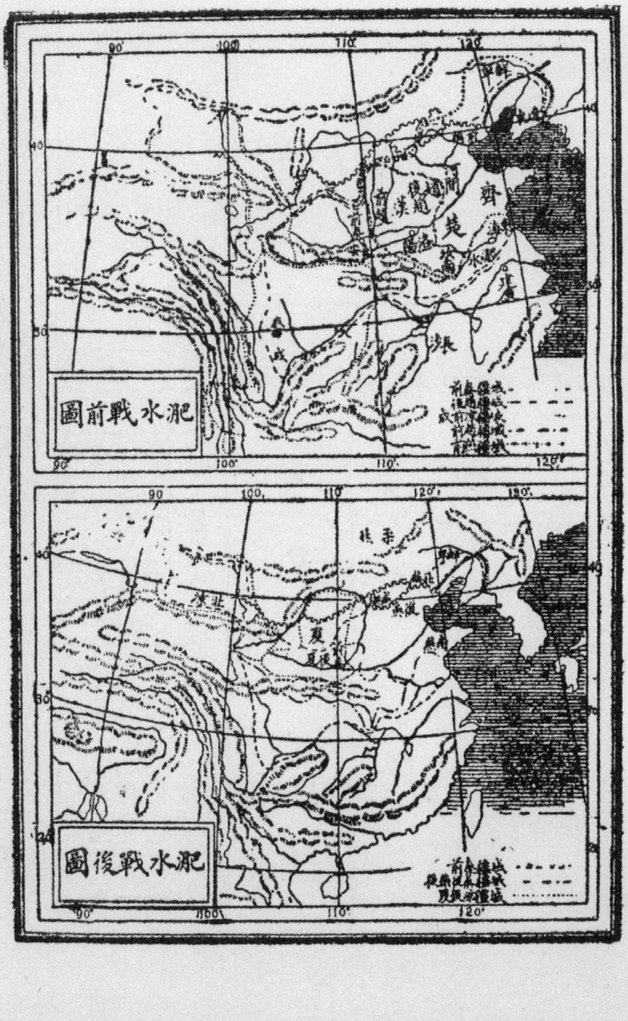

·国故学大纲·
梁溪图书馆
一九二六年版

示例二、比例成差以明久暫，

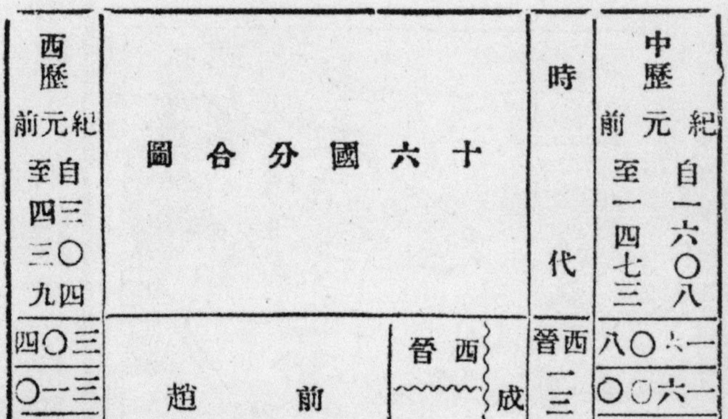

示例三 按位列圖以明因果。

成均圖

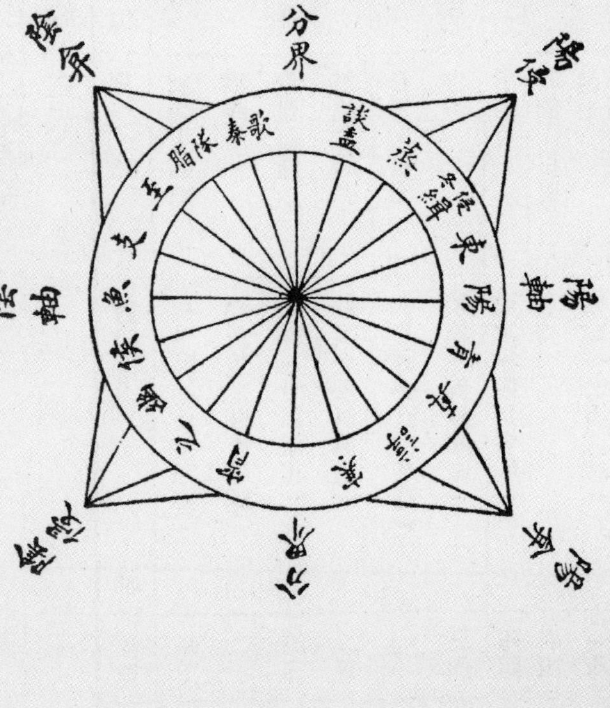

·国故学大纲·
梁溪图书馆
一九二六年版

示例四、並列相次以統諸類

五胡十六國興亡表

種名	族名	國等	創業主	國都	年數	被滅
北狄種	匈奴	漢（前趙）	劉淵—劉聰	初平陽（山西臨汾）	一五	後趙
			劉曜	遷長安（陝西省城）		
		北涼	沮渠蒙遜	張掖（甘肅張掖）	四三	後魏
		夏	赫連勃勃	統萬（陝西懷遠）	二五	後魏
	羯	後趙	石勒—石虎	初襄國（直隸邢臺）		
		（冉魏）	冉閔	遷鄴（直隸臨漳）	三四	前燕
西羌種	巴蠻	成（漢）	李雄	成都（四川省城）	四四	東晉
	氐	前秦	苻健—苻堅	長安	四四	後秦
		後涼	呂光	姑臧（甘肅武威）	一八	後秦
	羌	後秦	姚萇姚興	長安	三四	東晉

東胡種	鮮卑	前燕	慕容皝 慕容儁	初龍城（內蒙古土默特右翼） 遷鄴	三四	前秦
		後燕	慕容垂	中山（直隸定縣）	二六	北燕
		西燕	慕容冲	中山		
		南燕	慕容德	廣固（山東益都）	一三	東晉
		西秦	乞伏國仁	宛川（甘肅靖遠）	四七	夏
		南涼	禿髮烏孤	樂都（甘肅西寧）	一八	西秦
		後魏	拓跋珪			
漢種		前涼	張重華	姑臧	二八	前秦
		西涼	李暠	燉煌（甘肅燉煌）	二八	北涼
		北燕	馮跋	龍城	二八	後魏

·国故学大纲·
梁溪图书馆
一九二六年版

示列五、先後相繫以明興廢。

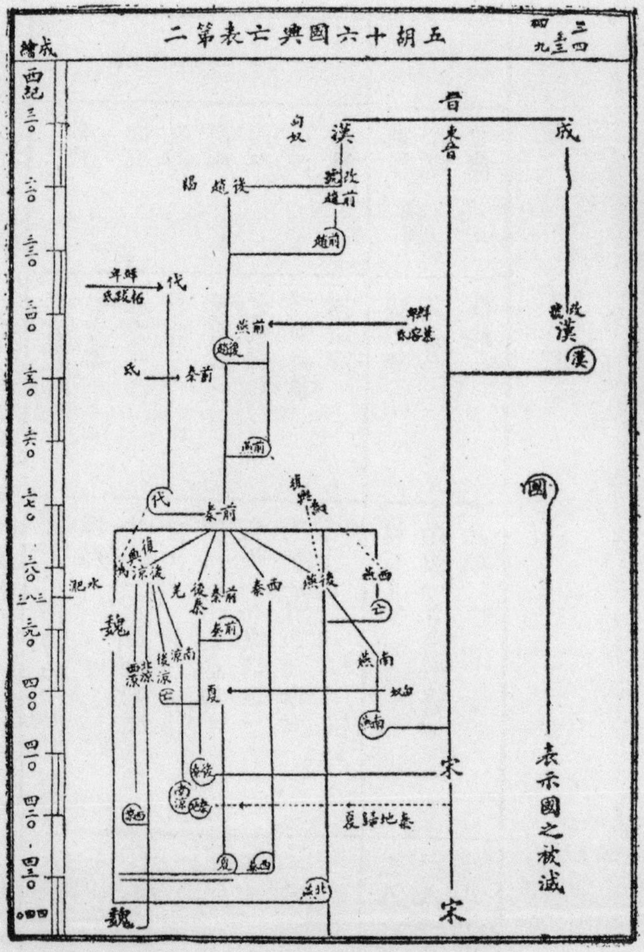

示例六、繫年繫月以次事蹟。

□六國年表

周元王元年	秦厲共公元年	韓宣子	趙簡子四十二年	楚惠王章十三年吳伐我	燕獻公十七年	齊平公鰲五年	魏獻子衞出公輒後元年
二	二 蜀人來賂		四十三	十四 越圍吳吳怨	十八	二八	晉完公卒

示例七、並列相次以明異同。

□春秋三傳異同表

隱公元年春王正月 （左）元年春王周正月，不書即位，攝也。	（公羊）春者何？歲之始也。何言乎王正月？大一統也。公何以不言即位？成公意也。公將平國而返之桓。曷爲返之桓？桓幼而貴，隱長而卑。	（穀梁）雖無事，必舉正月，謹始也。公何以不言即位？成公志也。焉成之？言君之不取爲公也。君之不取爲公何也？將以讓桓也。讓桓，正乎？不正？曰不正。

·国故学大纲·
梁溪图书馆
一九二六年版

示例八、並列相次以別長短。

大般若經異譯表

甲本	敢佛弟子所說法所成法，皆持佛威神。何以故？佛所說法，法中所學，皆有證，皆隨法展轉相數，展轉相成。法中終不共諍。何以故？時而說法莫不喜樂者，自恣喜男子善女人而學。
乙本	敢佛弟子所作，皆乘如來大士之作。所以者何？從佛說法，故有法學。賢者子賢者子，得法意爲證。其爲證者所說所誨所言，一切如法無諍。所以者何？如來說法，爲斯樂者族姓子傳胡教，無所諍。
丙本	敢佛弟子所說法所成法，皆承佛威神。何以故？佛所說法法中所學，皆有證以知：便能有所成，展轉能相成敎。所以者何？但薩阿竭所說無有異。若有仁善欲學是法。於中終不諍。
丁本	佛諸弟子，敢有所說，皆是佛力。所以者何？佛所說法，法中學者，能證諸法相。證已有所言說，皆與法相不相違背。以法相力故。
戊本	世尊弟子敢有宣說顯了開示，皆承如來威神之力。何以故？舍利子：佛先爲他宣說顯了開示法要；彼依佛敎，精勤修學，乃至證得諸法實性；後轉爲他有所宣說了開示。若與情性能不相違，皆見如來威神加被；亦是法性等流

示例九、次列年歲以表先後。

□日本當代文學家年齡表。（暫用）

文壇諸家

(六十五)逍遙、
(六十四)雪嶺、
(六十一)蘇峯、
(五十九)天外、
(五十八)
(五十七)露伴、
(五十六)蘆花、魯庵、
(五十五)桂月、松葉、水蔭、
(五十四)小波、筑水、
(五十三)秋聲、花袋、孤蝶、碧梧殘、
(五十二)藤村、綺堂、
(五十一)鏡花、
(五　十)小劍、虛子、
(四十九)風葉、
(四十八)天溪、秋江、柴舟、有明、薰園、
(四十七)吉藏、空穗、
(四十六)武郎、晶子、曙夢、青果、
(四十五)荷風、白鳥、晁、
(四十四)草平、孤雁、

·国故学大纲·
梁溪图书馆
一九二六年版

年齡表

（大正十二年調）

（四十三）薰、
（四十二）生馬、長江、未明、敏郎、三重吉、茂吉、
（四十一）直哉、雨雀、御風、夕暮、次郎、豐一郎、甲之、
（四　十）豐隆、仲、星湖、正雄、嘉六、
（三十九）白秋、秀雄、牧水、李太郎、作次郎、養平、善麿、
（三十八）泰三、潤一郎、勇、實篤、久雄、彌生、瀧太郎、武羅夫、龜之助、鐘一、
（三十七）幹彥、善藏、
（三十六）善郎、弴、朔太郎、武雄、宗悅、犀星、
（三十五）露風、萬太郎、修、寬、健、
（三十四）與志雄、犄二、犄二、源吉、
（三十三）正雄、（久米）、和郎、民樹、
（三十二）龍之介、春月、春夫、新三郎、成吉、修太郎
（二十六）吉二、
（二十五）清次郎、百合子、

示例十、比次先後以明流變.

■春秋列國疆域表

宋				
微子封於商邱。莊十年遷宿。	杞不知何年屬於宋。襄十年晉滅偪陽以與宋。	戴不知何年屬於宋。哀八年滅曹。	彭城不知何年屬於宋。	蕭本爲宋所分，後仍入於宋。

索引式者,『以一定之順序,部勒紊亂之資料;或依韻目,或依字畫,其爲事近於機械,而其爲用可補上智才士之所難能。是故有史姓韻編之作,而中下之材智能用廿四史矣;有經籍纂詁之作,而初學之士能檢古訓詁矣。』國故資料中,其關於古列各項者,必有待於索引式之整理:

甲、詁訓,

乙、人名,

丙、地名，

丁、書目，

戊、官階，

己、一切名物。

索引之方式凡五：一、依韻目，二、依部首，三、依筆畫，四、依號碼，五、依性質。

甲、依韻目 此法清乾嘉時極盛行，彼時所有之系引式典籍皆用此法。經籍纂詁與史姓韻編，其著稱者也。章實齋云：典籍纂繁，聞見有限；在博雅者且不悉究無遺，況其下乎？校讎之先，宜盡取四庫之藏，中外之籍，擇其中之人名地名官階書目，凡一切有名可治有數可稽者，畧倣佩文韻府之例，悉編爲韻；乃於本韻之下，注明原書出處及先後篇第；自一見再見以至數千百，皆詳注之；藏之館中，以爲羣書之總類。至校書之時，遇有疑似之處，卽名而求其

·国故学大纲·
梁溪图书馆
一九二六年版

編韻，因韻而檢其本書，參互錯綜，卽可得其至是。此則淵博之儒窮畢生年力而不可究殫者，今卽中才校勘可坐收於几席之間。」其意卽主依韻目爲索引也。此法今已不可行，昔時用此法編成之書，亦失其時效。姑示一例以明之：

經籍纂詁——清阮元主纂

總目：

上平 下平 上 去 入

分目：

上平

一東

東 同 銅 桐 童 僮 瞳 筩 中 衷 忠 蟲 冲 終 戎

崇 嵩 菘 弓……

〔東〕　東，動也。（廣雅釋詁一）又（漢書律歷志上。）東者動也。續漢書五行志注引（風俗通。）東方者動方也，物之動也。藝文類聚歲時部上引（書大傳。）東方者動方也，萬物始動生也。（白虎通五行。）東方者陽氣始動，萬物始生。（同上。）東方，木也。（論衡形勢）………（下畧）

乙〔依部首〕　吾國字典之編輯，悉依部首。部首之分，則源出於許氏說文。一字既依歸於各部首，復以筆畫分其先後，其法較依韻目者爲便，然初檢者亦感其不便。例示如左：

辭源—陸爾奎等纂

總目：　一畫，　二畫，　三畫，　四畫，　五畫，　六畫………十七畫。

分目：　一畫至二畫。

一部　丨部　丶部　丿部………又部

·国故学大纲·
梁溪图书馆
一九二六年版

一部—一，丁，七，丈，三，上，下，不，丐，丑，且，丕，

世，丘，丙，丞，丢，並。

（一）一一，一人，一丁，一口，一已，一介，一夫，……

一蟹不如一蟹。

〔二二〕猶言逐一也。齊宣王使人吹竽，必三百人。南郭處士不能竽，與其列。湣王立，好一一聽之；處士逃。見（韓非子）

丙、依筆畫　廢去部首，專分筆畫，其法較依部首者爲便。惟有幾畫中收字過多，檢查上較爲困難耳。例示如左：

中國人名大辭典—方賓觀等編

總目—一畫，二畫，三畫，四畫，五畫，六畫，七畫，……三十畫。

分目　一畫—一，乙，

（二）一如，一行，一壺先生，一寧，一齊。

一如 明僧，居上天竺寺。曾奉詔編輯禪宗語錄；後又輯法華科注，大明法數等書。

丁、依號碼 漢字之排列，如康熙字典之依部首，經籍纂詁之依韻目，皆事繁而時費。近人研究排列，頗有可觀：如萬國鼎之漢字母筆排列法，王云五之四角號碼檢字法，林語堂之圖書索引之新法，及拙擬之檢字新論，皆足爲索引式整理之一助。

（附言）本段爲文過長，限於篇幅，不免削足就履。茲爲論列，附載卷末。

戊、依性質 依性質而分類，爲科學方法之一。用此法以爲索引，較有價值。例示如左：

植物名實圖攷——吳其濬著

·国故学大纲·
梁溪图书馆
一九二六年版

總目：

穀類
蔬類
山草
隰草
石草
水草
蔓草
芳草
毒草
羣芳
果類

·国故学大纲·
梁溪图书馆
一九二六年版

木類

分目：穀類！

胡麻　大麻
薏苡　赤小豆
白綠小豆　大豆
白大豆　粟
小麥　大麥
穬麥　梁
藊豆　黍
稷　湖南稷子
稻　雀麥
青稞　東廧

黍豆　綠豆

蜀麥　亞麻子

蠶荳　蕎麥

稔頭

〔胡麻〕胡麻卽巨勝本經上品，今脂麻也。昔有黑白二種，今則有黃紫各色，宜高阜沙壖，畏潦。油甘，用廣，其枯餅亦可糞田養魚。葉白靑蘘花與稭皆入用。……（下略）

『總賬式者，向來集注集傳集說之類，似之。同一書也，有古文今文之爭，而漢宋之異，有毛鄭之別，有鄭王之分。歷時旣久，異說滋多。墨守門戶之見者，囿於一先入之言，不惜繁其文，枝其辭以求勝；而時過境遷，向日斤斤之爭，要不過供後人片段之擷取而已。上下二千年，顚倒數萬卷，辨各家之同異得失，去其糟粕，拾其精華，於以結前哲千載之訟事，而省後人無窮之智力；若商家之終歲結帳然，綜觀往歲之盈折，正所以爲來日之經營導其先路也。」（胡適淮南鴻烈集解序）

國故資料中，凡屬左列各項，皆有待於總賬式之整理：

甲、校勘，

乙、詁訓，

丙、音韻，

丁、義理。

斯式之整理，當以一事，一詞，一時代，一名物爲中心，辨其異同，致其得失，如網之有綱焉。示例如左：

詩經集解——拙著（未印行）

·国故学大纲·
梁溪图书馆
一九二六年版

睢鳩

參證

（爾雅）（毛傳）王睢也。郭璞曰：鵰類。今江東呼之爲鶚，好在江渚，山邊食魚。

（焦循毛詩補疏）常求之大江南北，有好居渚沚食魚者，正呼爲「鶚」，「鶚」爲五各反，即「王」之入聲；蓋緩呼之爲「王睢」，急呼之爲「鶚」。此古之遺稱，尚可求諸土語者。

（王性之默記）李公輔初任大名府，檢驗村落，見所謂魚鷹者，飛翔水際，問小吏曰：此關睢也。

（焦循毛詩補疏）魚鷹尾短，飛則見尾之上白。故說文以王睢訓白鷢耳。

（李時珍本草）言其翱翔水上，扇魚令出，一名拂波；又能入穴取食，一名下窟烏，其尾上白者曰白鷢是也。

·国故学大纲·
梁溪图书馆
一九二六年版

（邵晉涵爾雅正義）雎鳩卽今魚鷹，其目驗之，其色蒼黑。

（王夫之詩經稗疏）說文：白鷺，王雎也。顏氏匡謬亦云雎鳩，白鷺。又爾雅：楊鳥，白鷺。郭璞曰：似鷹，尾上白。禽經：雎鳩，王雎，魚鷹也，亦曰白鷺。以諸說參攷，則雎鳩之爲魚鷹，其名曰鶚，明矣。謂之鳩者，鷹之屬通曰鳩，郯子所謂爽鳩者鷹也。雖食魚而非水鳥。

歧說

（一）（毛傳） 王雎也；鳥摯而有別。鄭箋云：摯之言至也。謂王雎之鳥，雄雌情意至然而有別。

（姚際恆詩經通論） 夫曰摯，猶是雎鳩食魚有搏擊之象。然此但釋鳩之性習，不必於正意有關會也。若云有別則附會矣。列女傳因云「鳩雎之鳥，人未嘗見其乘居而匹處也，尤附會。

馬瑞辰毛詩傳箋通釋）傳本作「鷙而有別，」義取有別，非取其鷙。故傳下云若關雎之有別焉。鷙或假借作摯；鄭箋因訓摯爲至，非傳恉也。孔疏合而一之，誤矣。

（戴震詩經補註）後儒亦多有疑猛鷙之物，不可以興淑女者。攷詩中比興，如螽斯但取於衆多，雎鳩取於和鳴及有別，皆不必泥其物類也。

（胡承珙毛詩後箋）鄭箋申之曰摯之言至也。此最傳意；蓋摯與至聲近義同。說文𦤎至也；讀若摯。爾雅摯臻也。郭註云：摯臻皆至是也。摯與有別，自是兩義。若以爲猛鷙之「鷙，」則淮南子曰「猛獸不羣，鷙鳥不雙，」言鷙已含別意，不必又云有別矣。惟其此雄情意肫至而又能有別，故傳以興后妃。

·国故学大纲·
梁溪图书馆
一九二六年版

聚仁案先哲治詩好爲此無謂之爭執，實則主觀之論斷，毫無補於實際。此段所論，訓鷙訓至，已屬題外之文；至斤斤於「猛鷙」「有別」之爭辯，更不值一笑。姚際恆曰：『詩人體物縱精，安能擇一物之有別者以比夫婦？而後人又安知詩人之意果如是耶？』斯言得之！

（二）（鄭樵通志）　雎是鳧類，多在水邊。（朱傳）　雎鳩，水鳥，一名王雎，狀類鳧鷖，今江淮間有之。生有定偶而不相亂，偶常並遊而不相狎；故毛傳以爲摯而有別，列女傳以爲人未嘗見其乘居而匹處者，蓋其姓使然也。

（王夫之詩經稗疏）　集傳以爲鷖鳧之屬，殊爲失實。鷖鳧水鳥，雎鳩山禽；鷖鳧小鳥，雎鳩鷙鳥；相去遠矣。

（陳啓源毛詩稽古編）鄭樵通志以爲鳧類，尾有一點白，是因白鷺尾白而傅會也。朱子祖其義，又誨諸淮人，遂釋之曰：「狀類鷺鳧，今江淮間有之。」然白鷺似鷹不似鳧。

（馮嗣宗六家詩名物疏）江淮所有，當年恐未入詩人之目，夾際之說，自未可從。

（毛奇齡鳥名）予嘗客淮，淮人從無能舉似之者。且其言亦難通：既云有偶云並遊，而又云不見其乘居匹處，是自相矛盾也。且鷺鳧之類，則未有不見其乘居匹處者也。

（三）（陸機爾雅疏）雎鳩大小如鴟，深目，目上骨露，幽州人謂之鷲。

（焦循毛詩補疏）或以猛鷙說之，謂王鴡爲鵰鷲。陸機以鴡

·国故学大纲·
梁溪图书馆
一九二六年版

鳩爲幽州之鷲。說文：鷲鳥，黑色多子。顏師古曰：就，大雕也，黃頭赤目，其羽可爲箭竿。此所謂幽州之鷲也。郭璞以爲江東之鶚，因以爲鵰類，乃江東食魚之鶚，非鵰鷲之鶚也。蒼頡解詁云：『鶚，金喙鳥也，能擊殺麞鹿。』此所謂鵰鶚，正西域之「鷲」自不以爲江東食魚之鶚，而張守節史記正義取而混合之云：『王雎，金口鶚也，好在江渚山邊食魚。』誤矣。

(四)(王質詩總聞)　以爲鴿鳩，

(五)(風土記：)　說詩者咸說鴡鳩爲白鷺；白鷺顛屬，於義無取。蓋蒼鶚大於白鷺而色蒼，其鳴戛和順，又遊於水而息於洲，常隻不雙。

(毛奇齡鳥名)　攷蒼鶚卽玉篇鶬鴰，莊子所云尺鷃者，然是鶉類，非鳩類也。

（六）（馮元敏）謂狀似鴛鴦。

（七）（方以智通雅）定爲屬玉。

（八）（郝懿行）以爲布穀。

（九）（錢氏詩詁）王雎即子鵙，今之杜鵑。杜詩生子百鳥巢，百鳥不敢嗔。蓋杜鵑至尊，奉之如王，故名王雎。

（毛奇齡）此臆解之最可笑者。

章實齋云：「今之博雅君子，疲精勞神於經傳子史，而終身無得於學者，正坐誤執求知之功力，以爲學即在是爾。學與功力實相似而不同。學不可以

·国故学大纲·
梁溪图书馆
一九二六年版

驟幾，人當致攻乎功力，則可耳。指功力以爲學，是猶指秫黍以爲酒也。』又云：「近日學者風氣，徵實太多，發揮太少，有如蠶食葉而不能抽絲。」其言蓋深中清代學者之病。清代學者之治國故，拘之於辨僞校勘攷證三者，不但不知探究，且不知整理，宜實齋以「俗儒」譏之也。吾儕治國故學，目前固當致力於整理國故，他日必當從事於探究。

探究國故，方法有二：一曰化分，二曰化合。化分者猶化學上之分析，物質爲原子；化合者，猶化學上之聚合多原子而成一物質也。國故原料，大都化合於古籍之中；如論語一書，既有孔丘之政治思想，亦有孔丘之宇宙觀人生觀，亦有孔丘之教育思想，亦雜有孔丘生平行事；學貴專門，若此混雜之原料，決不適於研究。研究國故，先析數千年來各家之學說千萬卷之古籍爲若干單元，務使各部分完全獨立，卽所謂化分也。

化分之法，當破除經史子集之錮蔽，當破除門戶之見，處純客觀之地，使原著者之思想各復其原。然後採今日學術分類之目爲標準以化分之，學術分類，略如左表：

- 學術
  - 哲學
  - 文學
    - 小說
    - 詩歌
    - 戲曲
  - 美術
    - 音樂
    - 圖畫
    - 彫刻
  - 科學
    - 先驗的——數學
    - 自然科學
      - 組織論
        - 無機的
          - 礦物學。
          - 星學。
          - 自然地理學。
        - 有機的
          - 植物學。
          - 動物學。
        - 精神的
          - 比較心理學
          - 比較社會學。
      - 發生論
        - 無機的
          - 地質學。
          - 宇宙發達論。
        - 有機的——生物發生論。

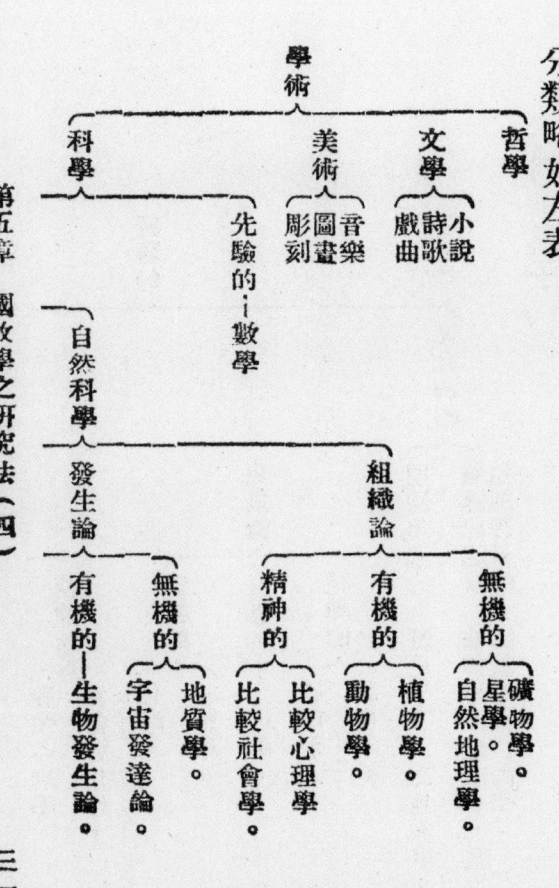

·国故学大纲·
梁溪图书馆
一九二六年版

- 精神的
  - 發生心理學。
  - 社會進化論。
- 經驗的
  - 現象論
    - 無機的
      - 化學。
      - 物理學。
    - 有機的—生理學。
    - 精神的
      - 心理學。
      - 社會學。
  - 文化科學
    - 個性記述的—歷史學，人文地理學。
    - 個性記述兼通則發見的—法律學，經濟學，政治學，宗教學，言語學。

示例：墨子

- 甲
  - 親士
  - 修身
  - 所染

……這三篇非墨家言，純出僞託。可不讀。

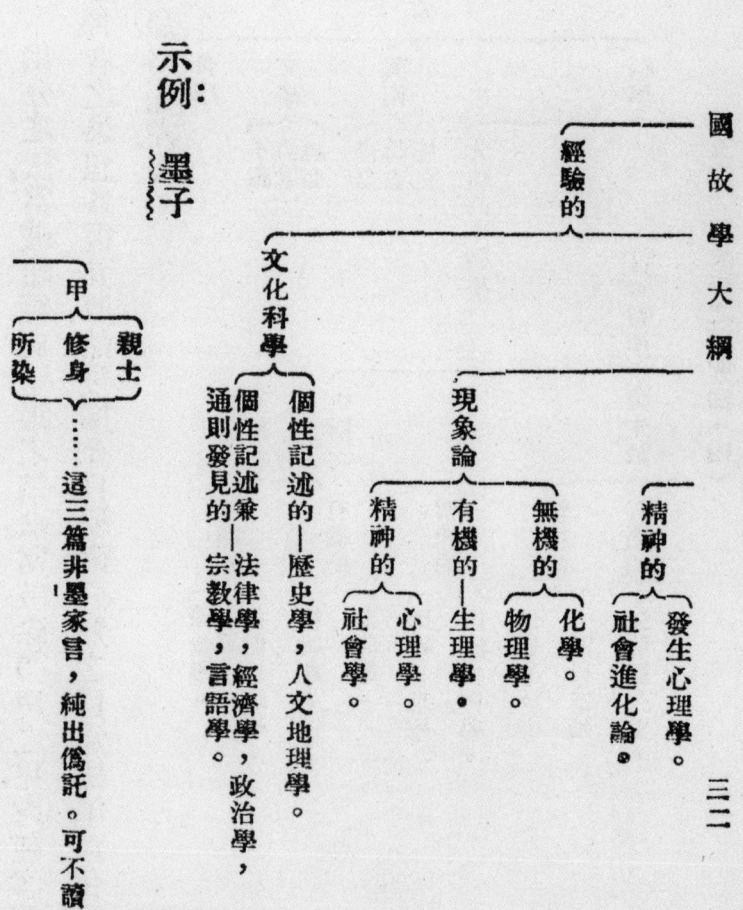

第一類（卷一）

乙 法儀 七患 辭過 三辯……這四篇是墨家記墨學概要，很能提綱挈領。當先讀。

第二類

- （卷二）尚賢上中下
- （卷三）尚同上中下
- （卷四）兼愛上中下
- （卷五）非攻上中下
- （卷六）節用上中 節葬下
- （卷七）天志上中下
- （卷八）明鬼下 非樂上

……這十個題目二十三篇，是墨學的大綱目，墨子書的中堅。篇中皆有「子墨子曰」字樣，可以證明是門弟子所記，非墨子自著。每題各有三篇，文義大同小異，蓋墨家分爲三派，各記所聞。

·国故学大纲·
梁溪图书馆
一九二六年版

墨子

- （卷九）
  - 非命上中下
  - 非儒下……這篇無「子墨子曰」字樣，不是記墨子之言。
- 第三類
  - （卷十）
    - 經上下
    - 經說上下
  - （卷十一）
    - 大取
    - 小取

  ……這六篇，魯勝叫他做墨辯，大半是講論理學。經上下當是墨子自著。經說上下，當是述墨子口說，但有後學增補。大取小取，是後學所著。
- 第四類
  - （卷十二）
    - 耕柱
  - （卷十三）
    - 貴義
    - 公孟
  - （卷十四）
    - 魯問
    - 公輸

  ……這五篇是記墨子言論行事，體裁頗近論語。
- 備城門
- 備高臨

- 第五類
  - （卷十五）
    - 備梯
    - 備水
    - 備突
    - 備穴
    - 備蛾傳
  - （卷十六）
    - 迎敵祠
    - 旗幟
    - 號令
    - 雜守

……這十一篇是專言守禦的兵法。

- 教育學
- 算學
- 刑學
  - 平面

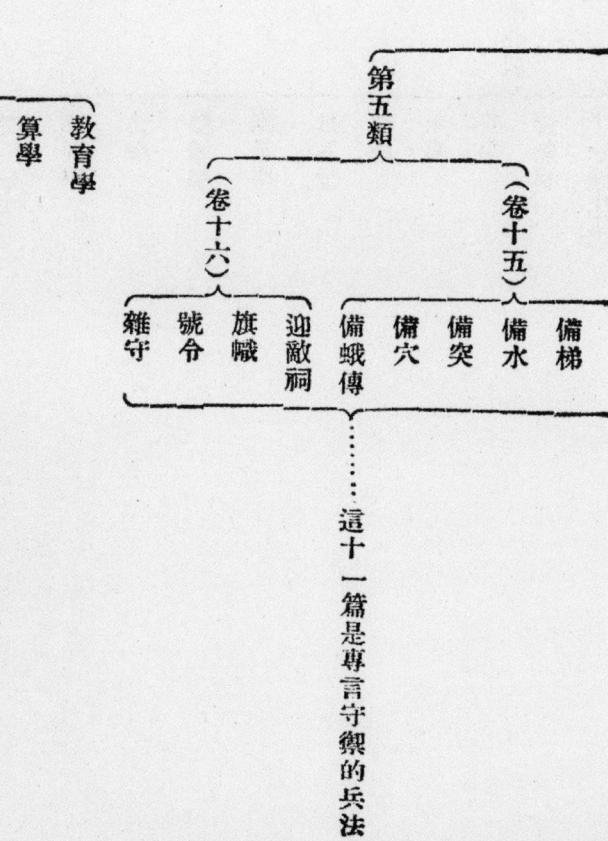

·国故学大纲·
梁溪图书馆
一九二六年版

（立體

墨學分科
- 微積分
- 物理學
- 力學
- 機械學
- 測量學
- 地圓說
- 熱學
- 光學
- 聲學
- 醫藥學
- 生物進化說

生理衛生學
心理學
唯識學
他心通
氣象學
論理學
倫理學
政治哲學
法理學
理財學
軍事學
宗教學

化合之法凡二：一、立專史，二、組織純正國故學。立專史之步驟，可分爲二：

甲、取近頃所搜集攷定之材料，因陋就簡，先立各種專史，如經濟史，文學史，哲學史，數學史，宗教史……之類。專史既立，則將來研究所得者有所附麗。

乙、專史之中，復分子目，如經濟史可分時代，又可分區域；如文學史哲學史可分時代，又可分宗派，又可專治一人。治國故學者，當就「性之所在而力之所能勉者」爲深刻之研究。

組織純正國故學，此非短篇所能罄盡，愚擬另撰一書以明之。大旨則於書中敘及思想之淵源，特殊之治學態度與方法，社會主義與個人主義之角逐等等。

·国故学大纲·
梁溪图书馆
一九二六年版

第六章　國故學之分類

國故之分類，以劉歆七略，班固藝文，荀勗七志，王儉七志，阮孝緒七錄，隋書經籍志四部爲最．條列如左：

A、劉歆七略：

六藝略，

諸子畧，

詩賦略，

兵書略，

方技略，

術數略，

輯略.

B 班固藝文志:

六藝略—易，書，詩，禮，樂，春秋，論語，孝經，小學.

諸子略—儒，道，陰陽，法，名，墨，縱橫，雜，農，小說.

詩賦略—屈賦之屬，陸賦之屬，荀賦之屬，雜賦，歌詩.

兵書略—兵權謀，兵形勢，兵陰陽，兵技巧.

數術略—天文，歷譜，五行，蓍龜，雜占，形法.

方技略—醫經，經方，房中，神仙.

C、荀勗四志:

甲部—紀六藝及小學.

乙部—有諸子家及近世子家兵書兵家術數，

·国故学大纲·
梁溪图书馆
一九二六年版

丙部—有史記舊事,皇覽簿雜事.

丁部—有詩,賦,圖識,汲冢書.

D、王儉七志:

經典—六藝,小學,史記,雜傳.

諸子—今古諸子.

文翰—詩賦.

軍書—兵書.

陰陽—陰陽及圖緯.

方技—圖譜地域及圖書道佛附合九條.

E、阮孝緒七錄:

經典—六藝.

記傳—史傳。

子兵—子書，兵書。

文集—文集。

技術

佛

道

F、隋書經籍志四部：

經—十三種六藝經緯。

史—三十種史之所記。

子—十四種諸子。

樂—三種道經，佛經。

·国故学大纲·
梁溪图书馆
一九二六年版

舊有之分類，已完全不能適用。蓋分類既不精，又昧於學術之流別，昔章實齋已病之矣。國故學之新分類，當一破成例，依學術流別區分之如左：

甲、文學：

A、平民文學，

B、貴族文學，

C、平民化文學，

D、病態文學。

乙、史學，

丙、哲學：

A、道家，

B、儒家，

·国故学大纲·
梁溪图书馆
一九二六年版

C、墨家，
D、法家，
E、佛學，
F、宋明理學，
G、東原哲學。
丁、人生哲學，
戊、政治學，
已、文字學：
A、訓詁學，
B、音韻學。
庚、論理學，

辛、心理學，
壬、天文學，
癸、算學，
子、其他科學，
丑、宗教，
寅、美術。

·国故学大纲·
梁溪图书馆
一九二六年版

國故學大綱

第七章　文學（一）——鑑賞與批評

先哲之人生哲學，其態度趨重於「中庸」；故極端奔放之感情，當爲理法所拘禁。及其弊也，偏狹之道德觀，常爲一切學術之障壁。文學本爲感情之產品；而我國之文學，一誤於「文以載道」之訓，純文學無以產生。再誤於「文必師古」之語，感情終被梏桎。三千年中平民文學雖自然流行於民間，然終不爲士大夫所推重，終不蒙文學批評家之垂青。以金聖嘆之奇才卓識，於文學能有眞賞識，亦僅得一狂人之目耳！

文學之風格，與批評家之立論相爲表裏。縱觀往古，批評文學者蓋有五派，一則專重格調，持已定之方式以爲鑑衡，病態文學之護身符也。二則專重詞采，以華麗爲文章之極則，貴族文學之濫觴也。三則專重德義，以宣揚道體爲文學之職務，文學界限所由混雜也。四則側重情感，乃才子風流者之持論，在昔罕有地位。若夫以純文學之見地爲批判者，金聖嘆一人而已。

孔丘爲我國學術上之中心人物，其學說影響至二千年之久。其於文學上，無絲毫之表見；而其評騭文學之處，卽隻字片言，亦爲後世爭辯之源。故述及文學評判家，則孔丘之主張，勢在必稱。孔丘之主張，蓋可自其論詩之語致之。論詩之語，見於論語者十有八。如：

「子謂伯魚曰：「女爲周南召南矣乎？人而不爲周南召南，其猶正牆面而立也與！」——陽貨

「不學詩，無以言。」——季氏

「興於詩，立於禮，成於樂。」——泰伯

「小子何莫學夫詩？詩可以興，可以觀，可以羣，可以怨，邇之事父，遠之事

·国故学大纲·
梁溪图书馆
一九二六年版

君，多識鳥獸草木之名。』——陽貨

『誦詩三百，授之以政不達，使於四方，不能專對，雖多亦奚以爲？』——子路

此卽孔氏之詩的功用觀也。後人於文學抱實用主義，皆以孔氏之論爲依歸。吾儕且讀「邇之事父，遠之事君，多識鳥獸草木之名。」一語，幾疑詩經爲昔日之公民教科書矣！又如：

『詩三百，一言以蔽之，曰：「思無邪。」』——爲政

『關雎樂而不淫，哀而不傷。』——八佾

『師摯之始，關雎之亂，洋洋乎盈耳哉！』——泰伯

此即孔丘之詩的觀念也。此觀念經其門人與後世儒家之推衍，遂造成一固執的道德觀，以爲文學之牢阱，遂使後人從事於文學，必抹煞情感而後

可；文學以斯乃奄奄無生氣矣。且詩經一書，以孔氏種「思無邪」之惡根，榛蕪日甚，糾纏益深，至今日尚不能窺其眞面目焉。

孔丘非文學批評家也，亦非能批評文學也，觀其所論，已可概見之。我國文學家之持論，確能認識文學自身之價値者，首當推魏之文帝與其弟陳思王。文帝著典論，評論同時之作家：孔融，陳琳，王粲，徐幹，阮瑀，應瑒，劉楨。其與吳質書，捨孔融而外，亦皆有所論列。典論一文，確能認識文學之無窮生命。彼之言曰：

『蓋文章，經國之大業，不朽之盛事；年事有時而盡，榮樂止乎其身，二者必至之常期，未若文章之無窮。是以古之作者，寄身於翰墨，見意於篇籍，不假良史之辭，不託飛馳之勢，而聲名自傳於後。』

典論又能認識文體之本源與各體特殊之點。其言曰：

·国故学大纲·
梁溪图书馆
一九二六年版

『文以氣爲主，氣之淸濁有體，不可力彊而致。』（註一）

『夫文，本同而末異；蓋奏議宜雅，書論宜理，銘誄尙實，詩賦欲麗：此四科不同，故能之者偏也，唯通才能備其體。』

（註）「氣」即指精神之活力而言。

曹植與楊德祖書，於王粲，陳琳，徐幹，劉楨應瑒各有所評論。書中謂辭賦係小道，蓋有所激而言；非誠目之爲小道也。其書曰：

『文之佳惡，吾自得之；後世誰相知定吾文者邪？吾常歎此達言以爲美談。』

『辭賦小道，固未足以揄揚大義，彰示來世也。昔揚子雲，先朝執戟之臣耳，猶稱壯夫不爲也。吾雖薄德，位爲藩侯，猶庶幾戮力上國，流惠下民，建永世之業，流金石之功，豈徒以翰墨爲勳績，辭賦爲君子哉？』

「若吾志未果，吾道不行，則將採庶官之實錄，辨時俗之得失，定仁義之衷，成一家之言；雖未能藏之名山，將以傳之於同好也。」

晉陸機著文賦，論文學之長短，其論旨如左：

A、沈思以馭羣言——

「其始也，皆收視反聽，耽思傍訊，精騖八極，心遊萬仞。其致也，情曈曨而彌鮮，物昭晰而互進，傾羣言之瀝液，漱文藝之芳潤。」

B、道理爲本幹，文采爲枝葉——

「理扶質以立幹，文垂條以結繁。」

C、辭與意——

「辭程才以效伎，意司契而爲匠。」

D、分論詩，賦，碑，誄，銘，箴，頌，論，奏，說——

·国故学大纲·
梁溪图书馆
一九二六年版

『詩緣情而倚靡，賦體物而瀏亮，碑披文以相質，誄纏綿而悽愴，銘博約而溫潤，箴頓挫而清壯，頌優游以彬蔚，論精微而朗暢，奏平徹以閑雅，說煒曄而譎誑：雖區分之在茲，亦禁邪而制放；要辭達而理舉，故無取乎冗長。』

E、意與言——

『其會意也尚巧，其遺言也貴妍。暨音樂之迭代，若五色之相宣；雖逝止之無常，固崎錡而難便；苟達變而識次，猶開流以納泉。』

F、文之搆造——

『或仰逼於先條，或俯侵於後章。』

G、言辭與理意——

『或辭害而理比，或言順而意妨，離之則雙美，合之則兩傷；考殿最於錙

·国故学大纲·
梁溪图书馆
一九二六年版

銖，完去留於毫芒；苟銓衡之所裁，固應繩其必當。」

H、片言居要——

「或文繁理富，而意不指適，極無兩致，盡不可益；立片言而居要，乃一篇之警策，雖衆辭之有條，必待茲而效績。」

I、避闇合前人——

「或藻思綺合，清麗千眠，炳若縟繡，悽若繁絃；必所擬之不殊，乃闇合乎曩篇，雖杼軸於予懷，怵他人之我先。」

J、透逸之句——

「或苕發穎豎，離水絕致。石韞玉而山輝，水懷珠而川媚；彼榛楛之勿翦，亦蒙榮於集翠；綴下里於白雪，吾亦濟夫所偉。」

陸機之論，爲多方面之觀察，工夫頗爲細密。彼固爲排偶之創導者，而持

「道理爲本幹」之説，尚鮮靡靡之氣習。

與陸機同時者，有摯虞，輯有文章流別集，於文章流別志論中見其立論：

『古之作詩者，發乎情，止乎禮義。情之發，因辭以形之；禮義之指，須事以明之。故有賦焉，所以假象盡辭，敷陳其志。……古詩之賦，以情義爲主，以事類爲佐。今之賦，以事形爲本，以義正爲助。情義爲主，則言省而文有例矣；事形爲本，則言當而辭無常。文之煩省，辭之險易，蓋由於此。夫假象過大，則與類相遠；逸辭過壯，則與事相違；辯言遠理，則與義相失；麗靡過美，則與情相悖：此四過者，所以背大體而害政教，是以司馬遷割相如之浮説，揚雄疾辭人之賦麗以淫。』

其旨意，蓋謂詩賦當以情義爲主，以事形爲佐。其論詩，則推重四言，謂：

『夫詩雖以情志爲本，而以成聲爲節。然則雅音之韻，四言爲正，其餘雖備曲折之體，而非詩之正也。」

劉宋范曄之獄中與諸甥姪書，即所以表其文學上之主張，謂：

「文患其事盡於形，情急於藻，義牽其旨，韻移其意，雖時有能者，大較多不免此累，政可類工巧圖績，竟無得也。……嘗謂情志所託，故當以意爲主，以文傳意；以意爲主，則其旨必見；以文傳意，則其詞不流；然後抽其芳芬，振其金石耳。……性別宮商，識清濁，斯自然也。觀古今文人，多不全了此處。縱有會此者，不必從根本中來。」

其見解蓋較陸摯兩氏爲精進。其以音樂統理文學，亦於文學評論中別樹一幟焉。

齊永明中，盛爲文章，吳興沈約，陳郡謝朓，琅琊王融，以氣類相推轂。汝南周顒，善識聲韻。約等文皆用宮商，以平上去入爲四聲，以此制韻，不可增減；世

·国故学大纲·
梁溪图书馆
一九二六年版

呼爲永明體。此雙聲疊韻被時乃惹起文學上之重大關係。沈約所提四聲八病（八病後人之稱，當時稱爲八體）之說，甚爲世所推重。沈約答北魏甄琛書中謂：

『作五言詩者，善用四聲，則諷詠而流靡；能達八體，則陸離而花潔。』

八病者平頭，上尾，蜂腰，鶴膝，大韻，小韻，正紐，旁紐是也。分論之如左：

A、平頭

一、二、三、四、五（第一句）

六、七、八、九、十。（第二句）

第一字第二字不宜與第六第七同聲；若能參差用之則可矣。如：

芳時淑氣清

提壺臺上傾。

壺

·国故学大纲·
梁溪图书馆
一九二六年版

「芳」與「提」「時」與「壺」皆平聲，不合式。又如：

樹表看猿挂，
林側望熊馳.

第二字「表」第七字「側」均爲仄聲，亦不合。必如：

秋月照綠波，
白雲隱星漢.

「秋」與「雲」「月」與「白」交互同聲，方爲合式。

B、上尾

一、二、三、四、五、（第一句）
六、七、八、九、十.（第二句）

第五字第十字不可同聲，同聲者病。如：

西北有高樓，
上與浮雲齊．

「樓」與「齊」均爲平聲，故不合式．然此病在於不合韻，若合韻則不爲病．如：

青青河畔草，
綿綿思遠道．

是也．此上尾，齊梁以前，時有犯者；齊梁以來，無有犯者．此爲巨病．

C、蜂腰　一、二、三、四、五．

以蜂腰名者，兩頭粗，中央細，似蜂腰也．沈約曰『五言詩之中，分爲兩句，上二；下三凡至句夾，並須要殺．』蓋謂一句分成兩段，二五不可同聲．如：

聞君愛我甘，竊獨自彫飾。

徐步全門出，言尋上宛春。

即犯蜂腰之病也。而詩髓腦云：

『蜂腰者，每句第二字與第五字同聲是也。如古詩之「聞君愛我甘，竊獨自雕飾。」元兢云：「君」與「甘」非爲病，「獨」與「飾」是病；所以然者，如第二字與第五字同上去入，皆是病；平聲，非爲病也。此病者，輕於上尾鶴膝，均於平頭，重於四病。』

又文章儀式云：

『第二字與第四字同聲，亦不能著。此雖世無的目，而甚於蜂腰。

D、鶴膝

此病謂詩之第五字與第十五字同聲也。以鶴膝爲名者，兩頭細，中央粗，

·国故学大纲·
梁溪图书馆
一九二六年版

似鶴膝也。如：

『第一句 一、二、三、四、五、 第二句 六、七、八、九、十、

第三句 十一、十二、十三、十四、十五、 第四句 十六、十七、十八、十九、二十、

撥棹金陵渚，遵流背城闕。浪戚飛船影，山掛垂輪月。

新裂齊紈素，皎潔如霜雪。裁爲合歡扇，團團似明月。』

是也。沈約東陽著辭曰：『若得其會者，則脣吻流易；失其要者，則唯舌塞難。事同暗撫失調之琴，夜行坎壈之地。』又曰：『人或謂鶴膝爲蜂腰，蜂腰爲鶴膝，疑未辨。』又空海之說曰：

『此曰第三句者，舉其大法耳。但從首至末，皆須以次避之。若第三句，不得與第五句相犯；第五句，不得與第七句相犯，犯法准前也。』

E、大韻

·国故学大纲·
梁溪图书馆
一九二六年版

大韻者，第十字押韻，以前九字不可與之同韻；同韻則病。如：

一、二、三、四、五、　六、七、八、九、十、
紫翮拂花樹　黃鸝△開綠枝△
誰知遲暮節　悲吟△傷寸心△

是也。然作者有故爲疊韻者，不在此例。

F、小韻

小韻者，九字中有兩字同韻也。如：

一、二、三、四、五、　六、七、八、九、十、
搴簾出戶望△　霜花朝瀁△日
夜中△無與語　獨寤撫躬△歎

G、旁紐

「旁紐，」正紐，諸家之解釋，均難得其要旨。茲先明旁紐正紐之義：秘府論引崔氏語云『傍紐者：

風小——月膾——奇今——精酉

表豐——外厥——琴羈——酒盈

紐聲雙聲者

土煙

天鳴

右已前四字，縱讀為反語，橫讀是雙聲，錯讀為疊韻。』

故旁紐者同子聲也，正紐者同母聲也。

詩中每句除二字連用為雙聲以外，切忌隔字為雙聲。五字中最忌十字次之。如：

『魚游見風月 獸走畏傷跡

元生愛皓月 阮生願清風』

卽犯此病也。

H、正紐：

空海曰：『正紐者，一韻之內，有一字四聲分爲兩處是也。如：

『輕霞落暮錦，

流火散秋金。』

卽犯此病也。

八病之說，都如右述；在當時風行一時。究其實際，則拘束情思，於文學上絲毫無補。

梁之蕭統與蕭綱，持文學與道德分馳之說，爲文學評論中之卓見。蕭綱

·国故学大纲·
梁溪图书馆
一九二六年版

與湘東王書云：

『比見京師文體，懦鈍殊常，競學浮疎，爭爲闡緩。玄冬修夜，思所不得；既殊比興，正背風騷。…… 若夫六典三禮，所施則有地，吉凶嘉賓，用之則有所。未聞吟咏情性，反擬內則之篇；操筆寫志，更摹酒誥之作；遲遲春日，翻學歸藏；湛湛江水，遂同大傳。』

又與其子書曰：

『立身之道，與文章異：立身先須謹重，文章且須放蕩。』

蕭統與湘東王書云：

『夫文，典則累野，麗則傷浮；能麗而不浮，典而不野，文質彬彬，有君子之致。吾嘗欲爲之，但恨未逮耳！』

又文選序中論經子謂其：

「蓋以立意爲宗，不以能文爲本。」

論史傳謂其：

「所以褒貶是非，紀別異同，方之篇翰，亦已不同。」

皆千古不朽之至言也。

梁之鍾嶸，著詩品一書，分漢以後之作者爲上中下三品，評定其優劣，加以致語。評按之當否，姑作別論。其關於詩之總論，頗有研究之價值。彼之詩的概念，爲：

「氣之動物，物之感人，故搖蕩情性，形諸舞詠，照舞三才，暉麗萬有；靈祇待之以致饗，幽微藉之以照告，動天地，感鬼神，莫近於詩。」

其論詩之體致，則推尊五言詩，以五言詩指事，造形，窮情，寫物，最爲詳切也：

「夫四言，文約意廣，取效風騷，便可多得；每苦文繁而意少，故世罕習焉。

·国故学大纲·
梁溪图书馆
一九二六年版

五言，居文詞之要，是衆作之有滋味者也，故云：會於流俗；豈不以指事造形，窮情寫物，最爲詳切者耶？」

其釋興比賦三者之義，則謂：

「文已盡而意有餘，興也；因物喩志，比也；直書其事，寓言寫物，賦也；弘斯三義，酌而用之，幹之以風力，潤之以丹彩，使味之者無極，聞之者動心，是詩之至也。」

其謂文學隨環境而變遷，則頗悟文學之個中三昧：

「若乃春風春鳥，秋月秋蟬，夏雲暑雨，冬月初寒，斯四候之感諸詩者也。嘉會寄詩以親；離羣紀詩以怨；至於楚臣去境，漢妾辭宮，或骨橫朔野，或魂逐飛蓬；或負戈外戍，殺氣雄邊，或塞客衣單，孀閨淚盡；或士有解佩出朝，一去忘返，女有揚蛾入寵，再盼傾國：凡斯種種，感蕩心靈，非陳詩，何以展其義？非長歌何以騁其情？故曰詩，可以羣，可以怨，使窮賤易安，幽居靡悶，莫尙於詩矣。故詞人作者，罔不愛好。」

其謂「古今勝語，多非補綴，皆由直尋。」則灼見純文學之眞流：

『夫屬詞比事，乃爲通談。若乃經國文符，應資博古，撰德駁奏，宜窮往烈。至於吟詠性情，亦何貴於用事？「思君如流水，」既是卽目，「高台多悲風，」亦惟所見「清晨登隴首，」羌無故實「明月照積雪，」詎出經史？觀古今勝語，多非補綴，皆由直尋。』

且其重性情，興趣，與沈約之「文多拘忌，傷其眞美，」殆有上下床之別。下品序有云：

『余謂文製本須諷讀，不可蹇礙。但令清湯通流，口吻調利，斯爲足矣。至平上去入，則余病未能，蜂腰鶴膝，閭里已具。』

·国故学大纲·
梁溪图书馆
一九二六年版

劉勰之文心雕龍，爲我國文學著述之重鎭。彼三十歲頃，迷戀孔丘，憂文體之解散，故作文心雕龍。書凡五十篇：

卷一　原道　徵聖　宗經　正緯　辯騷

卷二　明詩　樂府　詮賦　頌贊　祝盟

卷三　銘箴　誄碑　哀弔　雜文　諧讔

卷四　史傳　諸子　論說　詔策　檄移

卷五　封禪　章表　奏啟　議封　書記

卷六　神思　體性　風骨　通變　定勢

卷七　情采　鎔裁　聲律　章句　麗辭

卷八　比興　夸飾　事類　練字　隱秀

卷九　指瑕　養氣　附會　總術　時序

卷十 物色 才畧 知音 程器 序志

上篇二十五，概論文學之體裁，下篇二十四，概論修辭之原理方法。

劉勰尊奉孔丘極矣，謂『自生人以來，未有如夫子者也。』（序志篇）以此推尊六經之文亦達極峯：

『文章之用，實經典枝條，五禮資之以成，六典因之致用，君臣所以炳煥，軍國所以昭明，詳其本源，莫非經典。而去聖久遠，文體解散；辭人愛奇，言貴浮詭，飾羽尙畫，文繡鞶帨，離本彌甚，將遂訛濫。蓋周書論辭，貴乎體要；尼父陳訓，惡乎異端，辭訓之異，宜體於要。於是搦筆和墨，乃始論文。』——序志

『道沿聖以重文，聖因文而明道。』——原道

『志足而言文，情信而辭巧，乃含章之玉牒，秉文之金科矣。』——徵聖

·国故学大纲·
梁溪图书馆
一九二六年版

『文以行立，行以文傳，四教所先，符采相濟。』——宗經

『文能宗經，體有六義：一則情深而不詭，二則風清而不雜，三則事信而不誕，四則義直而不回，五則體約而不蕪，六則文麗而不淫。』——徵經

其以道德與文學有密切關係，即彼論文學之出發點也。

修辭之部分不在本章討論之列，略而不之述。

唐代文學界，有有價值之創作而無有價值之評論。韓愈之流，逐逐於儒家迂論，其陋甚矣。惟司圖空評論唐代詩家，頗中肯綮。與王駕評詩書云：『國初主上好文雅，風流特甚。沈宋始興之後，傑出於江寧，宏肆於李杜，極矣。右丞蘇州，趣味澄夐，若清沇之貫達。大歷數十公，抑又其次焉。力勍而氣孱，乃都市豪作耳。劉夢得，楊巨源，亦多有勝會。閬仙，無可，劉得仁等，時得佳致，亦足滌煩。厥後所聞，逾褊淺矣。』寥寥數十言，其詩眼誠卓越也！其著二十四品，為後世

神韻說之宗。二十四品者雄渾，沖澹，纖穠，沈着，高古，典雅，洗鍊，勁健，綺麗，自然，含蓄，豪放，精神，縝密，疎野，淸奇，委曲，實境，悲慨，形容，超詣，飄逸，曠達，流動是也。其釋各品繫以四言韻語：

沖澹

素處以默，妙機其微。飲之太和，獨鶴與飛，
猶之惠風，荏苒在衣。閱音修篁，美曰載歸。
遇之匪深，卽之愈稀。脫有形似，握手已違。

自然

俯拾卽是，不取諸鄰。俱道適往，着手成春。
如逢花開，如瞻歲新。眞與不奪，強得易貧。
幽人空山，過雨采蘋。薄言情悟，悠悠天鈞。

清奇

娟娟羣松，下有漪流。晴雪滿汀，隔溪漁舟。
可人如玉，步屧尋幽。載瞻載止，空碧悠悠。
神出古異，淡不可收。如月之曙，如氣之秋。

含蓄

不著一字，盡得風流。語不涉己，若不堪憂。
是有眞宰，與之沈浮。如淥滿酒，花時返秋。
悠悠空塵，忽忽海漚。淺深聚散，萬取一收。

纖穠

采采流水，蓬蓬遠春。窈窕深谷，時見美人。
碧桃滿樹，風日水濱。柳陰路曲，流鶯比鄰。

乘之愈往，識之愈眞，如將不盡，與古爲新。

詩境既超妙，立言則古奧，文學評論中之可珍者。

宋人之詩，合「好對仗，引奇字，考據」三者而成。宋人詩話甚多，亦無一不深中此病。惟嚴羽之滄浪詩話，獨主情性！

一、詩之道在妙悟：

『大抵禪道惟在妙悟；詩道亦在妙悟。且孟襄陽學力下韓退之遠甚，而其詩獨出退之之上，一味妙悟而已。惟悟，乃爲當行，乃爲本色。』

二、詩之法有五：

『詩之法有五：曰體製，曰格力，曰氣象，曰興趣，曰音節。』

三、詩學不關窮理：

『夫詩有別材，非關書也？詩有別趣，非關理也；然非多讀書，多窮理，則不

·国故学大纲·
梁溪图书馆
一九二六年版

能極其至，所謂不涉理路，不落言筌者上也。』

四、曰詩重興趣：

『詩者吟咏情性也。盛唐諸人，惟在興趣。羚羊挂角，無跡可求，故其妙處，透徹玲瓏，不可湊泊，如空中之音，相中之色，水中之月，鏡中之象，言有盡而意無窮。』

五、曰詞，理，意，興：

『詩有詞，理，意，興。南朝人尚詞，而病於理；本朝（宋）人尚理而病於意興；唐人尚意興而理在其中；漢魏之詩，詞理意興，無迹可求。』

金元好問爲一代作家，著有論詩絕句三十首，於魏推尊曹植，劉楨，阮籍，於晉推尊劉琨，陶潛。彼側重自然，故於劉宋則重謝靈運，於唐則重柳宗元。故其詩有云：

·国故学大纲·
梁溪图书馆
一九二六年版

『詩家總愛西崑好，獨恨無人作鄭箋。……只知詩到蘇黃盡，滄海橫流卻是誰！……論詩寧下涪翁拜，未作江西社裏人。』

元代而還，曲與小說於文學上佔重要之地位。詩則陳腐萎靡，日趨衰老。評論家以評詩者爲多。如李夢陽何景明之格調說，王漁洋之神韻說，袁枚之性靈說，各有其地位。評曲者則有金聖嘆之評西廂，李漁之閒情偶寄。評論小說，惟有清初之金聖嘆耳。

明弘治正德之際，李夢陽何景明發揮格調之說。李之論文學，先之以道說，謂：『道自道者也；有何所，皆非也。』（夢陽遵道錄序）蓋彼以道爲人之終極目的；惟見道深，然後能發爲文。故曰：『古之文以行，今之文之葩；葩爲詞腴，行爲道華。』（文箴）又曰：『文猶不能爲而矧能道之耶？』（駁何氏論文書）既以道爲文之根柢，則厭浮華而斥虛飾，乃必然之理。李氏文推漢之賈誼，謂：『漢興，誼之文最高古』（刻賈子序）又曰：『西京之後，作者勿聞矣。』（論學上）然李氏之合道於文與宋代理學家之斥詞章爲玩物喪志，則又不同。李謂孔子亦常言「小子何莫學夫詩？」「言之不文行之不遠」矣，何可以文學爲末技耶？

李夢陽之詩的見解，嘗借日、月、風、雲、雪以明之，謂：『雪益之色，動色則雪。風闡之香，動香則風。日助之顏，動顏則日。雲增之韻，動韻則雲。月與之神，動神則月。故遇者物也，動者情也；情動則會，心會則契，神契則音，所謂隨寓而發者也。』（梅月先生詩序）是以『竅遇則聲，情遇則吟』（鳴春集序）故其論詩，以詩爲人之自鳴：『民詩，采以察風；士詩，采以察政，二者塗殊而歸同矣。故有政斯有俗，有俗斯有風。』（觀風河洛序）

夢陽論詩以漢魏六朝盛唐爲宗，尊其高古宛亮，謂：『詩至唐，古調亡矣；

然自有唐調可歌詠，高者猶足被管弦。宋人主理不主調，於是唐調亦亡。』（缶音序）

又嘗謂：『詩有七難：格古，調逸，氣舒，句渾，音圓，思沖，情以發之。七者備而後詩昌也；然非色弗神。』（潛虬山人記）又嘗謂：『辭斷而意屬者，其體也，文之勢也。聯而比之者，事也。柔澹者，思也。含蓄者，意也。典厚者，義也。高古者，格也。宛亮者，調也。沈著，雄麗，清峻，閒雅者，才之類也。而發於辭，辭之暢者，其氣也。中和者，氣之最也。夫然又華之以色，永之以味，溢之以音，是以古之文者一揮而衆書具也。』（駁何氏論文書）

夢陽之賞識古詩，蓋有獨見。謂：『古詩妙在形容之耳！所謂水月鏡花，所謂人外之人，言外之言。形容之妙，心了了而口不能解，卓如躍如，有而無，無而有。』（論學下）又謂：『三百篇色，商彝周敦乎！苔漬古潤矣，漢，魏佩玉冠

·国故学大纲·
梁溪图书馆
一九二六年版

冕乎！六朝，落花豐草乎！初唐，色如朱甍而繡闥；盛者，蒼然野眺乎！中，微陽古松乎！晚，幽巖積雪乎！」（潛虬山人記）

何景明與李夢陽同倡返古之論，而夢陽主摹擬；景明主創造；景明詩思清俊，夢陽雄鷙高騫，此其異趣也。景明論歷代詩之興衰，謂周末王蹟息而詩亡，孔子孟軻蓋常慨歎之！漢興，尙文，詩有古風，風氣規模，猶樸略宏遠。魏繼漢後，作者甚盛，然其風斯衰。逮及六朝，作者益盛，而其風益衰。其志之流，其政之傾，其俗之放，靡靡乎無所底止。唐之詩詞工，宋之詩談理，雖代有作者，而漢魏之風蔑如。明初詩人尙習元風，累朝遞革，風格漸上，至弘治正德之間而盛，蓋與李大同而小異也。

格調說有內外二義，內爲詩意，外爲詩之組立。意之部爲精神上之要素，格之部爲形式上之要素，調之部爲一字之音調，以及全體關係所含之音調。

·国故学大纲·
梁溪图书馆
一九二六年版

總括所論，可分六項：

A、格調與詩意相應，

B、正意以正格調，

C、斥浮華貴質實，

D、斥靡弱，貴雄渾。

E、以道德爲立足點。

F、實字的。

格調說之立論雖高，而與文學進化之流相反；且徒事摹古，但存軀殼，一優孟衣冠耳。

王漁洋之神韻說，一明代格調說之反動力也。其說遠源於滄浪詩話與二十四品。自謂：『嚴滄浪論詩云「盛唐諸人，唯在興趣。羚羊掛角，無跡可求；

透徹玲瓏，不可湊泊，如空中之音，相中之色，水中之月，鏡中之象，言有異而意無窮。」司空表聖論詩亦云「味在酸鹹之外。」康熙戊辰春杪，歸自京師，居宸翰堂，日取天寶諸公之篇什讀之。於二家之言，別有會心。錄其尤雋永超詣者。』（三昧集序）故欲明神韻說，可以詩境與禪境，作一對比。

漁洋云：『嚴滄浪以禪喻詩，余深契其說，而五言尤爲近之。捨筏續文，禪家以爲悟境，詩家以爲化境，詩禪一致，等無差別。』蓋莊子之嗒然偶喪，柳子所謂萬化冥合，與佛家之坐禪入定，其理一也。禪境之柳綠草紅，與詩境之水流花開，亦一也。漁洋一再引司空圖之詩品，傾心於「自然」「淸奇」「含蓄」「纖穠」四者。又愛唐王昌齡之「空山多雨雪，獨立君始悟。」戴叔倫之藍田日暖，良玉生煙。」劉蛻之「氣如蛟宮之水，」宋蘇軾之「空山無人，水流花開，」姚寬之「山高谿深，萬籟蕭蕭；古無人蹤，惟石嶕嶢。」其發之於我心，出之爲詩句，意格自高妙，與格調論者截不相同。

漁洋又以畫比詩曰：『余嘗與荆浩論山水，得聞詩家之三昧。其言曰：「遠人無目，遠水無波，遠山無皴。」又王懋野客叢書云「太史公如郭忠恕畫，天外數峯，略有筆墨，意在筆墨之外。」詩文之道，大抵皆然。』一日，漁洋於秋雨之中，與其宗姪茂京論畫理；『茂京大約謂：始貴深入，既貴透出，又須沈着痛快。此義詩文相通。』又『茂京曰：「凡爲畫者，始貴能入，繼貴能出，要以沈着痛快爲極致。予難之曰：「吾子元推雲林，明推文敏，彼二家者畫家謂爲逸品。所謂沈着痛快者安在？」給事笑曰：「否否。以古畫間遠見而中實沈着痛快，此非流俗所能知。」予曰：「子之論畫至矣；非獨畫然也。…… 子論畫而通乎詩矣。』」（帶經堂詩話）始深入而後透出，於古畫間遠中實沈着痛快，神韻之妙卽在此。

·国故学大纲·
梁溪图书馆
一九二六年版

上述神韻說之梗概，讀者或以架空而難以領悟，聊舉數例以窺其奧。

漁洋習常標出之詩句四言有：

手揮五絃，目送歸鴻。——魏嵇康

五言有：

振衣千仞岡，濯足萬里流。——晉左思

池塘生春草，……清暉能娛人。——宋謝靈運

亭皋木葉下，隴首秋雲飛。——梁柳惲

蟬噪林逾靜，鳥鳴山更幽。——王籍

回塘春盡雨，方響夜深船。——司空圖

雨中山果落，燈下草蟲鳴。——王維

七言有：

新年草色遠萋萋，久客將歸問路蹊。
暮雨不知溳口處，春風只到穆陵西。
孤城盡日空花落，三戶無人自鳥啼。
君在江南相憶否？門前五柳幾枝低。——劉長卿

白下有山皆遶郭，清明無客不思家。——高秀迪

瓜步江空微有樹，秣陵天遠不宜秋。——程孟陽

一夜花開湖上路，半春家在雪中山。——釋讀徹

神韻說之特質可剖列爲八：

A、心理狀態要平靜，

B、詩之對象須廣遠，

C、運用直覺，

·国故学大纲·
梁溪图书馆
一九二六年版

D、認清時間，

E、貴淡泊穠厚，

F、忌強烈之表示，

G、清遠，

H、不即不離。

I、與道德無關係。

J、疊字的。

清康熙時，沈德潛倡温和的格調說，採用格調，神韻二說之長，大約「去淫濫以歸雅正。」此派因袁枚倡性靈說以反對之，遂衰熄。

性靈說力主以極端自由述寫性情之流露，不受一切形式法則之束縛，厭古人之糟粕，而以清新機巧出之，求所謂眞情之詩。此派之淵源，可於袁枚

·国故学大纲·
梁溪图书馆
一九二六年版

所稱引見之。隨園曰：「詩有音節清脆，如雪竹冰絲，非人間凡響，皆由天性使然，非關學問。在唐則青蓮一人，而温飛卿繼之，宋有楊誠齋，元有薩天錫，明有高青邱，本朝（清）繼之者，其惟黃莘田乎！」（詩話卷九）又曰：「余不喜黃山谷而喜楊誠齋。」又曰：「誠齋一代作手，談何容易！」袁氏之推尊楊氏如此，故謂性靈說楊氏實創導之，亦無不可。

楊誠齋曰：「從來天分低拙之人，好談格調，而不解風趣，何也？格調是空架子，有腔口易描，風趣專寫性靈，非天才不辦。」隨園申其義云：「須知有性情便有格律，格律不在性情外。三百篇半是勞人思婦率意言情之事，誰爲之格？誰爲之律？而今之談格調者能出其範圍否？況皐禹之歌，不同乎三百篇；國風之格，不同乎雅頌，格豈有一定哉！許渾云：「吟詩好似成仙骨，骨裏無詩莫浪吟。」詩在骨不在格也。」彼二人之相默契，於茲可見。

綜觀隨園之詩說，以性情爲本。謂詩之性命惟在性靈；古今詩之佳者必爲性靈之完全表現。隨園詩話中有云：『自三百篇至今日，凡詩之傳者，都是性靈，不關堆垛。』又詩話補遺有云：『詩者人之性情也，近取諸身而足矣；其言動心，其色奪目，其味適口，其音悅耳，便是佳詩。』又引虞舜以自重云：『千古之言詩，莫如虞舜教夔典樂曰「詩言志，」言詩之必本乎性情也；曰歌永言，言歌之不離乎本旨也；曰聲依永，言聲韻之貴悠長也；曰律和聲，言音之貴均調也；知是四者，於詩之道盡之矣。』又云：『聖人論詩，先國風而後雅頌，何也？以國風近性情故也。余論詩三十二卷，以七言絕冠首，蓋亦衣錦尚絅，惡此而逃之之意。』

隨園之詩說，又以含蘊箇性爲詩之眞值。詩話中有云：『凡作詩者，各有身分，亦各有心胸。』又云：『有人無我，是傀儡也。』又云：『人間居時，不可一

·国故学大纲·
梁溪图书馆
一九二六年版

刻無古人；落筆時不可一刻有古人。平居有古人，而學力方除；落筆無古人，而精神始出』（卷十）又云：『爲人不可以有我，有我則自恃佷用之病多，孔子所以無固無我也。作詩不可以無我，無我則勦襲敷衍之弊大，韓昌黎所以「惟古於詞必己出」也。北魏祖瑩云：「文章當自出機杼，成一家風骨，不可寄人籬下。」』（卷七）其意皆同。

故隨園心目中之詩的工拙，不以古今爲別，亦不盲從古人。詩話中有云：『東坡云「作詩必此詩，定知非詩人。」此言最妙。然須知作此詩而竟不是此詩，則猶非詩人矣。其妙處總在旁見側出，吸取題神，不是此詩，恰是此詩。』蓋袁氏之見解，已與近日之新文學相接近矣。

性靈派之詩的作法，頗關重要，次列於左：

A、以情意爲主，以辭彩爲奴。

『吳西林云：「詩以意爲主，以辭彩爲奴婢，苟作之而無意思爲之主，則主弱奴強。」』（詩話卷二）

A、意要精深，語要平淡。

『漫齋語錄云：「詩用意要精深，下語要平淡。」余愛其言。每作一詩，往往改至三五日，或過時而又改，何也？求其精深，是一半工夫；求其平淡，又是一半工夫。非精深不能超超獨先，非平淡不能人人領解。』詩話卷八

A、運用材料，須能溶化。

『或問：詩不貴典，何以少陵有讀破萬卷之說？不知「破」字與「有神」三字，全是教人讀書作文之法，蓋破其卷，取其神，非囫圇用其糟粕也。蠶食桑而所破者絲，非桑也。蜂采花而所釀者蜜，非花也。讀書如喫飯，善喫飯者長精神，不善喫者生痰瘤。』詩話卷十二

D、運用典故，須無痕跡。

『宋人好附會名重之人，稱韓文杜詩，無一字沒來歷。不知此二人之所以獨絕千古者，轉妙在沒來歷。』詩話卷三

『用典如水中著鹽，但知鹽味，不見鹽質。用僻典如請生客入座，必須問名探姓，令人生厭。』詩話卷七。

E、寫景易，言情難。

『凡作詩寫景易，言情難，何也？景從外來，目之所觸，留心便得；情從心出，非有一種芬芳悲惻之懷，便不能哀感頑豔，然亦各人性之所近。』詩話卷六。

綜話性靈說之特質，凡有十：

A、貴清新，避陳腐。

·国故学大纲·
梁溪图书馆
一九二六年版

A、貴輕妙嫌莊重。

A、貴機巧嫌典雅。

D、貴箇性的發揮，

E、取平俗的對象，

F、貴自然風景與人事，

G、貴吟詠人情，

H、本能主義，

I、貴內容，

J、戾背時常道德。

K、虛字的。

小說在我國僅爲茶餘酒後消遣之資，從未在文學上作一地位。故作品雖多，而文人騷客，罕有爲之一加品評。有之自淸之金聖歎始。彼嘗言天下才子之書有六，一莊，二騷，三馬史，四杜律，五水滸，六西廂，因作各書批評。其水滸西廂兩種，頗爲世俗所傳誦。彼誠爲十七世紀之大怪傑，彼能大胆宣言謂水滸與史記國策有同等文學上之價值，謂施耐菴董解元與莊周屈原司馬遷杜甫在文學史上佔同等之地位，謂『天下之文章無有出水滸右者，天下之格物君子無有出施耐菴先生右』者，謂『古人之才，世不相沿，人不相及，莊周有莊周之才，屈平有屈平之才，降而至於施耐菴有施耐菴之才，董解元有董解元之才。』此進化的文學觀，誠爲先哲中所不可多得。其文學見解，及批評方法，可於水滸第三序中見之：

『施耐菴水滸正傳七十卷，又楔子一卷，原序一篇，亦作一卷，共七十二卷，今與汝釋。乃序曰：吾年十歲，方入鄉塾，隨例讀大學中庸論語孟子等書，意

·国故学大纲·
梁溪图书馆
一九二六年版

愔如也。每與同塾兒竊作是語，不知習此將何爲者。又竊見大人徹夜吟誦，其意樂甚，殊不知其何所得樂；又不知盡天下書，常有幾許，其中皆何所言，不畱同耶？如是之事，總未能明於心。明年十一歲，身體時時有小病；病作，輒得告假出塾，吾既不好弄，大人又禁不許弄，仍以書爲消息而已。吾最初得見者，是妙法蓮華經；次之則見屈子離騷，次之則見太史公史記，次之則見俗本水滸傳，是皆十一歲病中之創獲也。離騷苦多生字，好之而不甚解，記其一句兩句，吟唱而已。法華經史記解處爲多，然而胆未堅剛，終亦不能常讀。其無晨無夜不在懷抱者，吾於水滸傳，可謂無間然矣。吾每見今世之父兄，類不許其子弟讀一切書，亦未嘗引之見於一切大人先生，此皆大錯。夫兒子十歲，神智生矣，不縱其讀一切書，且有他好；又不使之例於大人先生之間，是驅之與婢僕爲伍也。汝昔五歲時，吾卽容汝出坐一隅；今年始十年，便以此書相授者，非過有所

·国故学大纲·
梁溪图书馆
一九二六年版

寵愛，或者教汝之道當如是也。吾猶自記十一歲讀水滸後，便有於書無所不窺之勢，吾實何曾得見一書。心知其然，則有之耳。然就今思之，誠不謬矣。天下之文章，無有出水滸右者；天下之格物君子，無有出施耐菴先生右者。學者誠能澄懷格物，發皇文章，豈不一代文物之林？然但能善讀水滸，而其爲人已綽綽有餘也。水滸所敍，敍一百八人，人有其性情，人有其氣質，人有其形狀，人有其聲口。夫以一手而畫數面，則將有兄弟之形，一口而吹數聲，斯不免再吷也。施耐菴以一心所運，而一百八人各自入妙者，無他，十年格物而一朝物格，斯以一筆而寫百千萬人，固不以爲難也。格物亦有法，汝應知之格物之法，以忠恕爲門。何謂忠？天下因緣生法，故忠不必學而至於忠，天下自然無法不忠，火亦忠，眼亦忠，故吾之見忠；鐘忠，耳忠，故聞無不忠。吾既忠，則人亦忠，盜賊亦忠，犬鼠亦忠，盜賊犬鼠無不忠者，所謂恕也。夫然後物格，夫然後能盡人之性，而可以贊化育，參天地。今世之人，吾知之，是先不知因緣生法；不知因緣生法，則不知忠；不知忠，烏知恕哉？是人生二子，而不能自解也，謂其妻曰：眉猶眉也，目猶目也，鼻猶鼻，口猶口，而大兒非小兒，小兒非大兒者，何故？而不自知實與其妻親造作之也。夫不知子問之妻，夫妻因緣，是生其子，天下之忠，無有過於夫妻之事者，天下之忠，無有過於其子之面者。審知其理，而覩天下人之面，察天下夫妻之事，彼萬面不同，豈不甚宜哉？忠恕，量萬物之斗斛也，因緣生法，裁世界之刀尺也。施耐菴左手握如是斗斛，右手持如是刀尺，而僅乃叙一百八人之性情氣質形狀聲口者，是猶小試其端也。若其文章，字有字法，句有句法，章有章法，部有部法，又何異哉？吾既喜讀水滸，十二歲便得貫華堂所藏古本，吾日夜手鈔，謬自評釋，歷四五六七八月，而其事方竣，即今此本是已。如此者，非吾有讀水滸之法，若水滸固自爲讀一切書之法矣。吾舊聞有人言，莊生之文

·国故学大纲·
梁溪图书馆
一九二六年版

放浪，史記之文雄奇，始亦以之爲然。至是忽啞然其笑。古今之人，以瞽語瞽，眞可謂一無所知，徒令小兒腸痛耳。夫莊生之文，何嘗放浪？史記之文，何嘗雄奇，彼殆不知莊生之所云，而徒見其忽言化魚，忽言解牛，尋之不得其端，則以爲放浪。徒見史記所記，皆劉項爭鬥之事，其他又不出於殺人報仇，捐金重義爲多，則以爲雄奇也。若誠以吾讀水滸之法讀之，正可謂莊生之文精嚴，史記之文亦精嚴。不寧惟是而已。蓋天下之書，誠欲藏之名山，傳於後人，即無有不精嚴者。何謂之精嚴？字有字法，句有句法，章有章法，部有部法是也。夫以莊生之文，雜之史記，不似史記；以史記之文，雜之莊生，不似莊生者。莊生意思，欲言聖人之道，史記攄其怨憤而已。其志不同，不相爲謀，有固然者，無足怪也。若復置其中之所論，而直取其文心，則惟莊生能作史記，惟子長能作莊生。吾惡乎知之：吾讀水滸而知之矣。夫文章小道，必有可觀，吾黨斐然，尚須裁奪。古來至聖大賢，無不以其筆墨爲身光耀。只如論語一書，豈非仲尼之微言潔淨之篇節？然而善論道者論道，善論文者論文，吾嘗觀其製作，又何其甚妙也。學而一章三唱不亦；嘆觚之篇有四觚字，餘者一不兩哉而已。質勝文則野，文勝質則史，其文交互而成；知之者，不如好之者，好之者，不如樂之者，其法傳接而出。山水動靜樂壽，譬禁樹之對；生子路問聞斯行，如晨鼓之頻發；其他不可悉數，約略皆佳搆也。彼莊子史記，各以其書獨步萬年，萬年之人，莫不嘆其何處得來。若自吾觀之，彼亦豈能有其多才者乎？皆不過以此數章，引而伸之，觸類而長之者也。水滸所叙，叙一百八人，其人不出綠林，其事不出刼殺，失教喪心，誠不可訓。當而吾獨欲略其形跡，伸其神理者，蓋此書七十回，數十萬言，可謂多矣。而舉其神理，正如論語之一節兩節，瀏然以清，湛然以明，軒然以輕，濯然以新，彼豈非莊生史記之流哉！不然，何以有此。如必欲苛其形跡，則夫十五國風，淫汚居半，春秋所書弑奪十九，不聞惡神奸而棄禹鼎，憎檮杌而誅倚相，此理至明，亦易曉矣。嗟乎？人生十歲，耳目漸吐，如日在東，光明發揮。如此書，吾卽欲禁汝不見，亦豈可得？今知不可相禁，而反出其舊所批釋，脫然授之於手也。夫固以爲水滸之文精嚴，讀之卽得讀一切書之法也。汝眞能善得此法，而明年經業既畢，便以之徧讀天下之書，其易果如破竹也者，夫而後歎施耐菴水滸傳，眞爲文章之總持。不然，而猶如常兒之汎覽者而已，是不惟負施耐菴，亦殊負吾。汝試思之，吾如之何其不鬱鬱乎哉！」

聖嘆評書之眼力可佩，其方法則落選家窠臼。胡適評之曰：

『金聖歎究竟是明末的人。那時代是選家最風行的時代；我們讀呂用晦的文集，還可想見當時的時文大選家在文人界占的地位。金聖嘆用了當時「選家」評文的眼光來逐句批評水滸，遂把一部水滸凌遲碎砍成了一

·国故学大纲·
梁溪图书馆
一九二六年版

部「十七世紀眉批夾註的白話文範！」例如聖歎最得意的批評，是指出景陽崗一段連寫十八次哨棒，紫石街一段連寫十四次簾子，和三十六次「笑」聖歎說這是草蛇灰線法。這種機械的文評正是八股選家的流毒，讀了不但沒有益處並且養成一種八股式的文學觀念是很有害的。」

金聖歎之評西廂，亦爲文學批評一新面目。彼心目中之西廂，與聖人之徒心目中之西廂，迥不相同。彼之讀西廂，與消閑式之讀西廂，亦迥不相同。聖歎謂：

『西廂記不同小可，乃是天地妙文；自從有此天地，他中間便定然有此妙文，不是何人做得出來，是他天地直會自己劈空結撰而出。若定要說是一箇人做出來，聖歎便說此一箇人，卽是天地現身。

若說西廂記是淫書，此人只須扑，不必教。何也？他也只是從幼學一冬烘先生之言，一入於耳，便牢在心。他其實不曾眼見西廂記，扑之還是寃苦。若眼見西廂記了，又說是淫書，此人則應扑乎？曰：扑之亦是寃苦，此便是冬烘先生耳。當初造西廂記時，原發願不肯與他讀，他今日果然不讀。

子弟欲看西廂記，須教其先看國風。蓋西廂記所寫事，便全是國風所寫事。然西廂記寫事，曾無一筆不雅馴，便全學國風寫事，曾無一筆不雅馴。西廂記寫事，曾無一筆不透脫，便全學國風寫事，曾無一筆不透脫。敢療子弟筆下雅馴不透脫，透脫不雅馴之病。

總之世間妙文，原是天下萬世人人心裏公共之寶，決不是此一人自己文集。

讀西廂記，便可告人曰讀西廂記，舊時見人諱之曰看閑書，此大過也。」

此卽聖歎心目中之西廂記也。又謂：

「人說西廂記是淫書，他止爲中間有此一事耳．細思此一事，何日無之？何地無之？不成天地中間有此一書便廢卻天地耶？細思此身自何而來？便廢卻此身耶？一部書有如許灑灑洋洋無數文字，便須看其如許灑灑洋洋是何文字？從何處來？到何處去？如何直行？如何打曲？如何放開？如何捏聚？何處公行？何處偷過？何處慢搖？何處飛渡？至於此一事直須高閣起不復道．

文章最妙，是目注彼處，手寫此處；若有時必欲目注此處，則必手寫彼處，一部左傳都用此法．若不解其意，而目亦注此處，手亦寫此處，便一覽已盡，西廂記最是解此意．

文章最妙，是目注此處，却不便寫，却去遠遠處發來，迤邐寫到將至時，便且住；卻重去遠遠處更端再發來，再迤邐又寫到將至時，便又且住；如是更端數番，皆去遠遠處發來，迤邐寫到將至時，卽便住，更不復寫出目所注處，使人自於文外瞥然親見西廂記純是此一方法，左傳史記，亦純是此一方法。

文章最妙，是先覷定阿堵一處，已却於阿堵一處之四面，將筆來左盤右旋，右盤左旋，再不放脫，却不擒住。分明如獅子滾毬相似，本只是一箇毬，卻教獅子放出通身解數。一時滿棚人看獅子眼都看花了，獅子卻是並沒交涉。人眼自射獅子，獅子眼自射毬。蓋滾者是獅子，而獅子之所以如此滾，如彼滾，實都爲毬也。左傳史記，便純是此一方法，西廂記亦純是此一方法。」

此又卽聖歎選家式之批評方法也。

清李漁著閒情偶寄，詞曲之部，見解頗卓特，其言曰：

「詞曲中音律之壞，壞於南西廂；凡有作者，當以之爲戒，不當取之爲法；非止音律，文藝亦然。請詳言之，塡詞除雜劇不論，止論全本，其文字之佳，音律之妙，未有過於北西廂者。自南本一曲，遂變極佳者爲極不佳，極妙者爲極不妙。推其初意，亦有可原；不過因北本爲詞曲之豪，人人贊羨，但可被之管絃，不便奏諸場上；但宜於弋陽四平等俗優，不便強施於崑調，以係北曲而非南曲也。茲請先言其故，北曲一折，止隸一人，雖有數人在場，其曲止出一口，從無互歌迭詠之事。弋陽四平等腔，字多音少，一曲而盡。又有一人啓口，數人接腔者，名爲一人，實出衆口。故演北西廂甚易。崑調悠長，一字可抵數字，每唱一曲，又必一人始之，一人終之，無可助一臂者，以長江大河之全曲，而專責一人，即有銅喉鐵齒，其能勝此重任乎？此北本雖佳，吳音不能奏也。作南西廂者，意在補此缺陷，遂割裂其詞，增添其白，易北爲南，撰成此劇，亦可謂善用古人，喜傳佳事者矣。然自予論之：此人之于作者，可謂功之首而罪之魁矣。所謂功之首者：非得之人，則俗優競演，雅調無聞，作者苦心，雖傳實沒。所謂罪之魁者，千金狐腋，剪作鴻毛，一片精金，點成頑鐵。若是者何以其有用古之心，而無其具也？

子生平最惡弋陽四平等劇，見則趨而避之。但聞其搬演西廂，則樂觀恐後，何也？以其腔調雖惡而曲文未改，仍是完全不破之西廂，非改頭換面折手跛足之西廂也。南本則聾瞽喑啞駝背折腰諸惡狀，無一不備于身矣。此但責其文詞，未究音律。從來詞曲之旨，首嚴宮調，次及聲音，次及字格，九宮十三調，南曲之門戶也。小齣可以不拘；其成套大曲，則分門別戶，各有依歸，非但彼此不可通融，次第亦難紊亂。此劇只因改北成南，遂變盡詞場格局，或因前曲與前曲字句相同，後曲與後曲體段不合，遂向別宮別調，隨取一曲以聯絡之，此宮調之不能盡合也。或彼曲與此曲，牌名巧湊，其中但有一二句字數不符，如其可增可減，卽增減就之，否則任其多寡，以解補湊不來之厄，此字格之不能盡符也。至於平仄陰陽與逐句所叶之韻，較此二者，其難十倍，誅之將不勝誅，此聲音之不能盡叶也。詞家所重，在此三者，而三者之弊，未嘗缺一，能使天下

·国故学大纲·
梁溪图书馆
一九二六年版

相傳，久而不廢，豈非咄咄怪事乎！更可異者：近日詞人因其熟于梨園之口，習于觀者之目，謂此曲第一當行，可以取法，用作曲譜。所塡之詞，凡有不合成律者，他人執而訊之，則曰：我用南西廂某折作對子，如何得錯？噫：玷西廂名目者此人，壞詞場矩度者此人，誤天下後世之蒼生者亦此人也！此等情弊，予不急爲拈出，則南西廂之流毒，當至何年何代而已乎？」

「南西廂翻本既不可無，予又因此及彼而有志于北琵琶一劇。蔡中郎夫婦之傳，既以琵琶得名，則琵琶二字，乃一篇之主；而當年作者，何以僅標其名，不見拈弄其實？使趙五娘描容之後，果然身背琵琶，往別張太公，彈出北曲哀聲一大套，使觀者聽者涕泗橫流，豈非琵琶記中一大暢事？而當年見不及此者，豈元人各有所長，工南詞者，不善製北曲耶？使王實甫作琵琶，吾知與千載後之李笠翁必有同心矣。」

·国故学大纲·
梁溪图书馆
一九二六年版

本章敍述國故中文學之評論，將以陳獨秀之文學革命論爲其殿軍。蓋國故中之文學至此而考終矣。陳氏之文學革命論曰：

『文學革命之氣運，醞釀已非一日，其首舉義旗之急先鋒，則爲吾友胡適。余甘冒全國學究之敵，高張「文學革命軍」大旗，以爲吾友之聲援。旗上大書特書吾革命軍三大主義：曰推倒彫琢的阿諛的貴族文學，建設平易的抒情的國民文學；曰推倒陳腐的鋪張的古典文學，建設新鮮的立誠的寫實文學；曰推倒迂晦的艱澀的山林文學，建設明瞭的通俗的社會文學。

國風多里巷猥辭，楚辭盛用土語方物，非不斐然可觀。承其流者兩漢賦家，頌聲大作，雕琢阿諛，詞多而意寡，此貴族之文古典之文之始作俑也。魏晉以下之五言，抒情寫事，一變前代板滯推砌之風，在當時可謂爲文學一大革命，卽文學一大進化。然希託高古，言簡意晦，社會現象，非所取材，是猶貴族之風，未足以語通俗的國民之文學也。齊以來，風尚對偶，演至有唐，遂成律體，無韻之文，亦尚對偶。尚書周易以來，卽是如此。東晉而後，卽細事陳啓，亦尚駢麗。演至有唐，遂成駢體。詩之有律，文之有駢，皆發源於南北朝，大成於唐代，更進而爲排律，爲四六。此等彫琢的阿諛的鋪張的空泛的貴族古典文學，極其長技，不過如塗脂抹粉之泥塑美人，以視八股試帖之價値，未必能高幾何？可謂爲文學之末運矣！韓柳崛起，一洗前人纖巧堆垛之習。風會所趨，乃南北朝貴族古典文學，變而爲宋元國民通俗文學之過渡時代。韓柳元白應運而出，爲之中樞。俗論謂昌黎文章起八代之衰，雖非確論；然變八代之法，開宋元之先，自是文界豪傑之士。吾人今日所不滿於昌黎者二事：一曰文猶師古，雖非典文，然不脫貴族氣派；尋其內容，遠不若唐代諸小說家之豐富。其結果乃造成一新貴族文學。二曰誤於「文以載道」之謬見。文學本非爲載道而設，而自昌黎以迄曾國藩所謂載道之文，不過鈔襲孔孟以來極膚淺極空泛之門面語而已。余嘗謂唐宋八家文之所謂「文以載道」，直與八股文之所謂「代聖賢立言」同一鼻孔出氣。以此二事推之，昌黎之變古乃時代使然，於文學史上，其自身并無十分特色可觀也！元明劇本，明清小說，乃近代文學之粲然可觀者，惜爲妖魔所厄，未及出胎，竟爾流産。以至今日中國之文學，萎瑣陳腐，遠不能與歐洲比肩。此妖魔爲何？卽明之前後七子及八家文派之歸方劉姚是也。此七八妖魔輩，尊古蔑今，咬文嚼字，稱霸文壇。反使蓋代文豪若馬東籬，若施耐菴，若曹雪芹諸人之姓名幾不爲國人所識。若夫七子之詩，刻意模古，直謂之抄襲可也。歸方劉姚之文，或希榮譽墓，或無病而呻，滿紙之乎者也矣焉哉。每有長篇大作，搖頭擺尾，說來說去，不知道說些甚麽，此等文學作者，旣非創造才，胸中又無物，其伎倆惟在做古欺人，直無一字有存在之價値，雖著作

·国故学大纲·
梁溪图书馆
一九二六年版

等身，與其時之社會文明進化無絲毫關係。

今日吾國文學悉承前代之敝，所謂桐城派者，八家與八股之混合體也；所謂駢體文者，思綺堂與隨園之四六也；所謂西江派者，山谷之偶像也。求夫目無古人，赤裸裸的抒情寫世，所謂代表時代之文豪者，不獨全國無其人，而且舉世無此想。文學之文，既不足觀，應用之文，益復怪誕。碑銘墓誌，極量稱揚，讀者決不見信，作者必照例爲之，尋常啟事，首尾恆有種諛詞，居喪者卽華居美食，而哀啟必欺人曰苦塊昏迷；贈醫生以匾額，不曰術邁岐黃，卽曰著手成春；窮鄉僻壤極小之豆腐店，其春聯恆作「生意興隆通四海，財源茂盛達三江。」此等國民應用之文學之醜陋，皆阿諛的，虛僞的，鋪張的貴族古典文學階之厲耳！

際茲文學革新之時代，凡屬貴族文學古典文學山林文學，均在排斥之

·国故学大纲·
梁溪图书馆
一九二六年版

列。以何理由而排斥此三種文學耶？曰貴族文學，藻飾依人失獨立自尊之氣象也。古典文學，鋪張堆砌失抒情寫實之旨也。山林文學，深晦艱澀，自以爲名山著述，於其羣衆之大多數無所裨益也。其形體則陳陳相因，有肉無骨，有形無神，乃裝飾品而非實用品；其內容則目光不越帝王權貴神仙鬼怪，及其箇人之窮通利達，所謂宇宙，所謂人生，所謂社會，舉非其構思所及。此三種文學共同之缺點也。此種文學，蓋與吾阿諛誇張虛僞迂闊之國民性，互爲因果。今欲革新政治勢不得不革新盤居於運用此政治者精神界之文學，使吾人不張目以觀世界社會文學之趨勢，及時代之精神。日夜埋頭故紙堆中，所目注心營者，不越帝王權貴鬼怪神仙與夫箇人之窮通利達；以此而求革新文學革新政治，是縛手足而敵孟賁也。

歐洲文化，受賜於政治科學者固多，受賜於文學者亦不少。予愛盧梭巴士特之法蘭西，予尤愛虞哥左喇之法蘭西；予愛康德赫克爾之德意志，予猶愛桂特郝卜特曼之德意志；予愛倍根達爾文之英吉利；予猶愛狄鏗士王爾德之英吉利。吾國文學界之豪士，有自負爲中國之虞哥左喇桂特郝卜特曼狄鏗士王爾德者乎？有不顧迂儒之毀譽，明目張膽以與七八妖魔宣戰者乎？予願拖四十二生的大砲爲之前驅！」

·国故学大纲·

梁溪图书馆
一九二六年版

第八章　文學（二）——平民文學（上）

我國文學爲畸形之發展，而數千年來之文學觀念，又大都錯誤：或則以學術之文闌入文學，或則以應用之文闌入文學，故賈誼之論，董生之策，韓愈譽墓之文，朱熹論學之書，皆於坊間文學史中佔一頁之地位。若是之錯誤，可以章炳麟氏之文學界說爲其代表，亦可以昭明文選與姚姬傳之古文辭類纂爲其代表。古文辭類纂分十三類：一、論辨類，二、序跋類，三、奏議類，四、書說類，五、贈序類，六、詔令類，七、傳狀類，八、碑誌類，九、雜記類，十、箴銘類，十一、頌贊類，十二、辭賦類，十三、哀祭類。十三類中，自一至九，皆非文學，他此則箴銘頌箴辭賦而外，哀祭一類，亦僅有小部分可屬於文學耳。文選則詩賦騷七而外，亦雜以史論與上書，界限之混淆也久矣！章氏謂：「文學者，以有文學著於竹帛，故謂

·国故学大纲·
梁溪图书馆
一九二六年版

之文;論其形式,故謂之文學.」此卽文學之錯誤的觀念也.

國故學中關於文學之記叙,與文學史之職務不同.文學史中所記載者,應以「文學」;爲限而我國之文學,固有巨量之資料,不必挹彼注入也.國故學之職務,以記載已成之遺跡爲限;故已成之舊蹟,勢難抹殺.明乎此,可與讀者論我國之文學矣.

欲明我國之文學,所當知者六事:一、隨時代遞變之文學中心點,二、平民文學之嬗變,三、貴族文學之嬗變,四、平民化文學之嬗變,五、病態文學之嬗變,六、文學上之民族性與地域性.茲次比以言之:

國故之斷限,上起殷亡.而自有人類以至殷亡,其間不知幾千萬年,卽自有文字以至殷亡,當亦在萬年以上.苟欲溯文學之源,乃攷古學者之職司,非本章之所及.本章開宗明義所當述及者,卽三百篇之詩經.詩經乃古代詩歌之總集，產生之地，大都在黃河流域。各篇四字爲句者多，昔人名之曰四言詩。故自殷末以迄周之中葉，其間四言詩盛行。此周代之文學中心點也。楚國崛起於南方，神秘性之民歌，經屈原之點染，而九歌出，逮屈原見絀，憂愁幽思而作離騷，蘊情既豐，詞又委婉，於戰國之季，爲文學界之宗匠焉。此戰國時代之文學中心點也。騷之流，以敷揚迴盪見長，其流衍而爲賦；下逮兩漢，爲文學之典型。自賈誼鵩鳥賦以至禰衡之鸚鵡賦，自成一線索。此兩漢時代之文學中心點也。建安黃初之間，曹氏父子倣擬自由樸茂之樂府詩體，五言詩漸告完成。此三國時代之文學中心點也。兩晉六朝，俗尚靡靡，或析文以爲妙，或流靡以自妍。專事雕琢之賦，步武古人之詩，疊出不窮，此兩晉六朝之文學中心點也。唐初，南北朝之風氣未去，安史亂後，偉大文學家李白杜甫輩，爲文學闢一新境地，五律七律七古之體相繼產生，學風靡一時。此唐代之文學中心點也。

長短句之詞，經五代至宋而美備。柳永，歐陽修，黃庭堅，辛棄疾皆於文學上有所建樹。此宋代之文學中心點也。元代則曲體亦已完成，曲之作品蘩夥，於我國文學佔重要之地位。馬東籬，王實甫輩咸富有才情，遂擅一代之長。此元代之文學中心點也。明初臺閣體之文行，下衍而爲八股文相沿凡五百餘年，至淸末而始絕。書生之下焉者，大都沉迷於斯。上焉者則鄙而不爲，前後七子復古以還，又有所謂桐城派者出，相沿亦三百餘年。此明淸兩代之文學中心點也。歐化東來，吾人大夢初覺，文學界之新曙光出矣。五四運動而後，以語體爲工具之文學，隱然執牛耳。此文學之新中心點也。

所謂中心點者，非謂文學重心一移至此點，其他卽告衰歇；亦非謂文學之中心點在此，卽得名之爲有價値之文學。上述之文學中心點，在彼時固佔重要之地位，然加以客觀之批評，則纍纍若骷髏，罕有一二有生氣者。蓋我國

·国故学大纲·
梁溪图书馆
一九二六年版

先哲思想之分野不清，大都守「文以載道」之訓，遂至兩敗俱傷，不但無高尙之文學，亦且無高潔之哲學。夷攷往史各時代之文學，其間有平行之三派，爲平行之發展。其由智識階級所創作，取材於宮庭及貴族社會，專以供一階級或一部分人之鑒賞者爲貴族文學。其由智識階級所摹擬而成，取材於書本專以迎合一般人之嗜好者，爲病態文學。其由平民的智識階級所創作，取材於鄉閭陋巷，滲透於全民衆之內心者爲平民文學。彼此根本不同，列表以明之。

	貴族文學	病態文學	平民化文學	平民文學	人的文學
取材	宮庭及貴族社會	書本	里巷故實及傳說	民間故實	全社會
形式	拘於一定規律	虛僞的堆砌的	自然的寫實的	絕對自由	自由
韻律	人爲的	人爲的	人爲的	天然的	天然的

作者	貴族的智識階級	智識階級	平民的智識階級	平民的智識階級	全民衆
鑑賞	貴族及知識階級	智識階級	智識階級及平民之一部分	全民衆	全民衆

『這些歌決不是編出來的；她們是生出來的，她們從空中落下，如像晴鷸一樣，飛到地上，東一飛，西一飛，各地方的人同時都唱起來我們自家的工作和苦惱都合在這些歌中；就好像我們都帮著他們做出來的一樣。』此德國文學家斯託姆（Storm）對於民歌的創見，正可作平民文學之註脚。平民文學者不期然而然，出乎人之口，深入人之心，人格亦與之抱合焉。周代以前之平民文學，其量必亘；惜吾人之可攷者，多係後人僞託，惟有略而不述。故論列平民文學，首當推詩經中之國風。詩經一書，爲古代詩歌之總集，以其簡册繁多，連之以韋帶，故名曰「經」。昔人好稱孔丘删詩事，恐不可恃。蓋左傳（卽割裂國語而成者）中士大夫所諷詠，與今本所存大都相同，所删者何？且

·国故学大纲·
梁溪图书馆
一九二六年版

孔丘亦屢稱「詩三百」矣．風者風也．章太炎云：『風是空氣的激盪，氣出自口就是風，當時所謂風，只是口中所謳唱的罷了．』故國風者，當時各國民間之歌謠也．雅，乃周地烏烏之聲；故小雅，乃周地之民間歌謠也．綜攷十五國風與小雅，其間可區分爲三：

國風
- 抒情
  - 戀愛——關雎，靜女，野有死麕。
  - 哀悼——葛生，黃鳥。
  - 呻吟——北風其涼，式微，陟岵。
- 敍事
  - 農歌——七月流火，甫田。
  - 牧歌——無羊。
- 祝頌
  - 慶賀——螽斯。
  - 婚嫁——麟趾，桃夭。
  - 宴賓——鹿鳴。

人類心地上之愛苗，洪水所不能掃蕩，烈火所不能毀滅．浮斯特（Marcel Prevast）有云『自從世界成爲世界以來，愛情就存在了，並且他的公式很少變遷：手臂是要攬著腰肢的，嘴唇是要尋覓嘴唇的，天然極了！』國風中戀愛之詩，佔大部分，乃必然之傾向．戀愛之過程，其先爲相慕，經之以熱戀，終之不幸者則有失戀．關雎摽有梅爲相慕之詩，故其詩曰：

『窈窕淑女，君子好逑；求之不得，寤寐思服．悠哉悠哉！展轉反側．』——關雎

『摽有梅，其實三兮；求我庶士，迨其吉兮．』——摽有梅．

野有死麕，靜女，熱戀之詩，故其詩曰：

『有女懷春，吉士誘之．……舒而脫脫兮，無感我帨兮，無使尨也吠！』——

——野有死麕

·国故学大纲·
梁溪图书馆
一九二六年版

『靜女其姝，俟我於城隅；愛而不見，搔首踟躕！……自牧歸荑，洵美且異！匪女之爲美，美人之貽！』——靜女

谷風，氓，失戀之詩也，故其詩曰：

『涇以渭濁，湜湜其沚，宴爾新昏，不我屑以？……我有旨蓄，亦以御冬。宴爾新昏，以我御窮！』——谷風

『于嗟女兮，無與士耽，士之耽也，猶可說也；女之耽也，不可說也！……女也不爽，士貳其行，士也罔極，二三其德！』——氓

人類以苦悶而有呻吟，苦悶之來，或緣長期戰爭而流離失所，或緣政治黑暗而進退失據，或緣遠戍異域而思歸念切，或緣國亡家破而驚目痛心，或緣横征暴斂而百姓愁怨。中谷有蓷，葛藟，遭戰爭之慘毒也，故其詩曰：

『中谷有蓷，嘆其濕矣，有女仳離，啜其泣矣；啜其泣矣，何嗟及矣！』——

中谷有蓷

『綿緜葛藟，在河之滸．終遠兄弟，謂他人父；謂他人父，亦莫我顧！』

葛藟

北門，北風其涼，苦政治之黑暗也．故其詩曰：

『出自北門，憂心殷殷，終窶且貧，莫知我艱！已焉哉，天實爲之，謂之何哉！』——北門

『莫赤匪狐，莫黑匪烏．惠而好我，携手同車．其虛其邪，旣亟只且！』——

北風其涼

鴇羽，陟岵，士卒遠戍時久而懷鄉也．故其詩曰：

『肅肅鴇羽，集於苞栩．王事靡盬，不能蓺稷黍，父母何怙？悠悠蒼天，曷其有所！』——鴇羽

·国故学大纲·
梁溪图书馆
一九二六年版

『陟彼屺兮，瞻望母兮。母曰：嗟予季行役，夙夜無寐！上愼旃哉！猶來無棄！』——陟岵

黍離，式微，痛家國之破亡也，故其詩曰：

『彼黍離離，彼稷之苗。行邁靡靡，中心搖搖！知我者謂我心憂，不知我者謂我何求！悠悠蒼天！此何人哉？』——黍離

『式微！式微！胡不歸？微君之故，胡爲乎中露？』——式微

苕之華，碩鼠，怨賦斂之橫暴也，其詩曰：

『苕之華，其葉靑靑。知我如此，不如無生！牂羊墳首，三星在罶。人可以食，鮮可以飽。』——苕之華

『碩鼠碩鼠，無食我黍。三歲貫女，莫我肯顧。逝將去汝，適彼樂土！樂土樂土！爰得我所！』——碩鼠。

·国故学大纲·
梁溪图书馆
一九二六年版

哀悼之詩，所佔篇幅甚鮮。葛生爲悼亡之詩，其詞哀楚：

『葛生蒙楚，蘞蔓於野，予美亡此，誰與獨處？……角枕粲兮，錦衾爛兮！予美亡此，誰與獨旦？……冬之夜，夏之日，百歲之後，歸於其室。』

黃鳥乃悼賢之詩，其詞掩抑：

『交交黃鳥，止於棘，誰從穆公？子車奄息。維此奄息，百夫之特！臨其穴，惴惴其慄！彼蒼者天，殲我良人！如可贖兮，人百其身。』

叙事詩在我國，不甚發達。詩經中之叙事詩，僅有一二篇之農歌牧歌耳，如七月叙農工之時序，如芣苢叙幼女之工作，如無羊叙牧人之生活。

『七月流火，九月授衣。一之日觱發，二之日栗烈。無衣無褐，何以卒歲？三之日於耜，四之日舉趾。同我婦子，饁彼南畝，田畯至喜。』——七月

『采采芣苢，薄言采之；采采芣苢，薄言有之。』——芣苢

『誰謂爾無羊？三百維羣；誰謂爾無牛？九十其犉。爾羊來思，其角濈濈；爾牛來思，其耳濕濕。或降於阿，或飲於池，或寢或訛。爾牧來思，何簑何笠，或負其餱。三十維物，爾牲則具。爾牧來思，以薪以蒸，以雌以雄。爾羊來思，矜矜兢兢，不騫不崩。麾之以肱，畢來既升。』——無羊

祝頌之詩或用之於婚娶，或用之於宴賓，或用之於慶賀，於國風中佔十之四五。如桃夭鵲巢送嫁之詩也，樛木，迎婿之詩也，螽斯，祝多男也，麟趾，慶多福也，鹿鳴則燕會時之詩也。

『桃之夭夭，灼灼其華，之子于歸，宜其室家。』——桃夭

『維鵲有巢，維鳩居之，之子于歸，百兩御之。』——鵲巢

『南有樛木，葛藟纍之。樂只君子，福履綏之。』——樛木

『螽斯羽，詵詵兮，宜爾子孫，振振兮！』——螽斯

『麟之趾，振振公子，于嗟麟兮！』——麟趾

『呦呦鹿鳴，食野之苹。我有嘉賓，鼓瑟吹笙；吹笙鼓簧，承筐是將。人之好我，示我周行。』——鹿鳴。

國風而後，民間歌謠，片紙不遺。於後北方民族之文學思想，如斯其發達，一旦衰歇，竟至寂然。其中原因，亦已末由攷察矣。故述民間文學，必以九歌次於國風之後。九歌與國風，各爲平列之發展，絲毫無相關之點。卽就其風格言之，則國風直率，而九歌委婉；就其性質言之，則國風所叙者日常生活，而九歌則神的分子較多。九歌凡九：一、東皇太一，二、雲中君，三、湘君，四、湘夫人，五、大司命，六、少司命，七、禮魂，八、河伯，九、山鬼。王逸云：『昔楚國南郢之邑，沅湘之間，其俗信鬼而好祠，其祠必作歌樂鼓舞，以樂諸神。屈原放逐，竄伏其域，……出見俗人祭祀之禮，歌舞之樂，其詞鄙陋，因爲作九章之曲。』其言九歌爲屈原所作，容

·国故学大纲·
梁溪图书馆
一九二六年版

有未安然謂此九歌曾經屈原之改訂，則合於情。陸侃如氏分九歌爲三類：

（一）輓歌：國殤。

（二）祭歌：東皇太一，雲中君，東君，禮魂。

（三）戀歌：湘君，湘夫人，大司命，少司命，河伯，山鬼。

『操吳戈兮被犀甲，車錯轂兮短兵接，旌蔽日兮敵若雲，矢交墜兮士爭先。陵余陣兮躐余行，左驂殪兮右刃傷。霾兩輪兮縶四馬，援玉枹兮擊鳴鼓。天時懟兮威靈怒，嚴殺盡兮棄原野；出不入兮往不返，平原忽兮路迢遠。帶長劍兮挾秦弓，首雖離兮心不懲；誠既勇兮又以武，終剛強兮不可陵；身既死兮神以靈，魂魄毅兮爲鬼雄。』——國殤

『吉日兮辰良，穆將愉兮上皇。撫長劍兮玉珥，璆鏘鳴兮琳琅。瑤席兮玉瑱，盍將把兮瓊芳，蕙肴蒸兮蘭藉，奠桂酒兮椒漿。揚枹兮拊鼓，疏緩節兮

·国故学大纲·
梁溪图书馆
一九二六年版

安歌，陳竽瑟兮浩唱。靈偃蹇兮姣服，芳菲菲兮滿堂。五音紛兮繁會，君欣欣兮樂康。』——東皇太一

『若有人兮山之阿，被薜荔兮帶女蘿。既含睇兮又宜笑，子慕予兮善窈窕，乘赤豹兮從文貍，辛夷車兮結桂旗，被石蘭兮帶杜蘅，折芳馨兮遺所思。余處幽篁兮終不見天，路險難兮獨後來。表獨立兮山之上，雲容容兮而在下，杳冥冥兮羌晝晦，東風飄飄兮神靈雨。留靈修兮澹忘歸，歲既晏兮孰華予？采三秀兮於山間，石磊磊兮葛蔓蔓。怨公子兮悵忘歸，君思我兮不得閒。山中人兮芳杜若，飲石泉兮蔭松柏，君思我兮然疑作。雷填填兮雨冥冥，猨啾啾兮狖夜鳴，風颯颯兮木蕭蕭，思公子兮徒離憂！』——山鬼

漢代以後之民間文學，蓋可區分為三：甲、鼓吹曲，乙、橫吹曲，丙、相和歌辭。

相和歌辭乃漢代之純粹的中國民間文學所用樂器，亦爲中國固有之樂器。鼓吹曲自北狄輸入；橫吹曲如摩訶兜勒曲，乃張騫自西域輸入，李延年新聲二十八解則模倣胡曲故皆可謂之爲外來的民間文學，其所用樂器亦多爲外族所用。徐嘉瑞著中古文學概論表論三者既詳且明，錄左使讀者先得一明確之觀念。

（第一表）

- 歷史
  - 黃帝岐伯所作。（註一）（蔡邕禮樂志）。
  - 由北狄來。
- 姓質
  - 軍樂（蔡邕禮樂志）。
  - 愷樂（鄭康成）。
- 騎吹（從行道路所用）—務成，黃爵，玄雲，遠期。（辭亡）。
- 鼓吹（註二）。

·国故学大纲·
梁溪图书馆
一九二六年版

鼓吹曲
- 用途
  - 短簫鐃歌（註三）。
  - 樂辭—朱鷺等廿二曲。
- 樂器
  - 漢
    - 鐃（如今日學校之鈴）—中國樂。
    - 菰（卽笳）—匈奴樂。
  - 魏
    - 長簫。
    - 短簫。
    - 節。
  - 梁
    - 龍頭大棡鼓。
    - 中鼓。
    - 獨揭小鼓。
  - 棡鼓（小鼓上有蓋，夜警用之）。
  - 金鉦—中國樂。

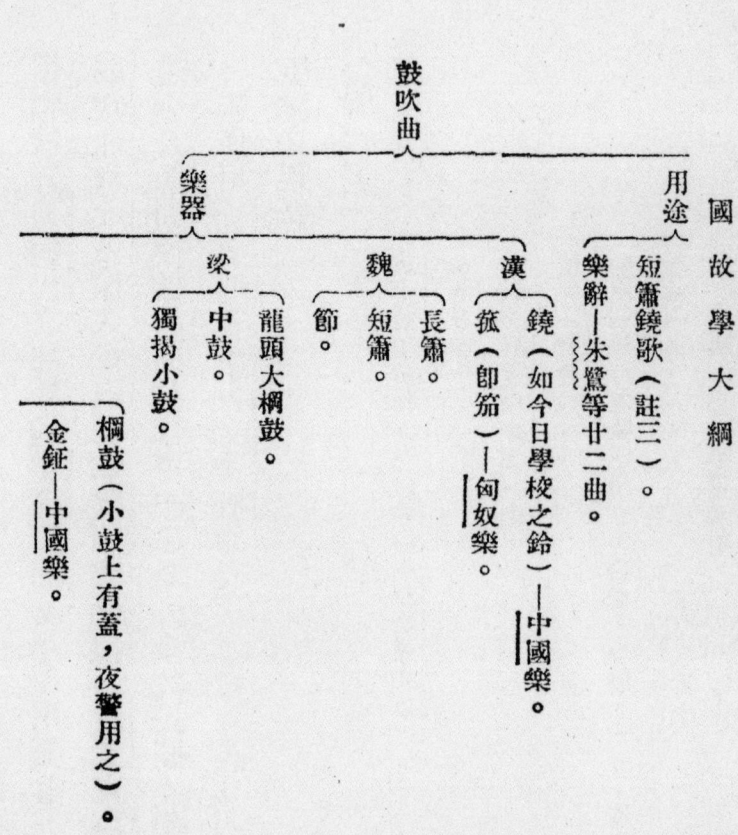

- 隋
  - 棡鼓部
    - 大鼓（十五曲）—鮮卑曲。
    - 小鼓（九曲）（鼓上負一鼓）—鮮卑曲。
    - 長鳴角—羌樂
    - 吹鳴角。
    - 大角（七曲）—鮮卑曲。
  - 鐃鼓部（十二曲）
    - 歌（註四）。
    - 鼓。
    - 簫。
    - 笳。

（註一）夾漈鄭氏曰：中國所用鼓角，蓋習胡角而爲也。黃帝之說，多是謬悠。

（註二）亦名黃門鼓吹，列於殿庭者。

（註三）鼓吹曲之一章，亦以賜有功諸侯。蔡邕禮樂志云：軍中用之。

·国故学大纲·
梁溪图书馆
一九二六年版

（註四）相和曲中有節歌，言絲竹相和，執節者歌。此處之歌，疑指人聲。

（第二表）

- 歷史—由西域來。
- 性質—馬上所奏之軍樂。
- 用途—軍中武樂（後漢亦以之給邊將）。
- 樂辭（已亡）
  - 摩訶兜勒一曲（張騫）。
  - 新聲二十八解（李延年因胡樂所造，魏晉時已不復具存）。
  - 黃鵠等十曲（卽廿八解中之十首）。
  - 關山月等八曲。
- 漢
  - 鼓—中國樂。
  - 角—匈奴樂。
  - 雙角（長鳴角）—羌樂（青海）。

- 横吹曲
  - 樂器
    - 篪邏迴（大雙角）—羌樂（青海）。
    - 晋—胡角—匈奴樂。
    - 隋
      - 大横吹部（廿九曲）
        - 大横吹（笛類）—匈奴樂
        - 角—匈奴樂。
        - 節—中國樂。
        - 鼓—中國樂。
        - 笛—羌樂。
        - 簫—中國樂。
        - 篳篥—龜兹樂（即庫車）。
        - 桃皮篳篥—高麗樂。
      - 小横吹（笛類）—匈奴樂。
      - 角—匈奴樂。

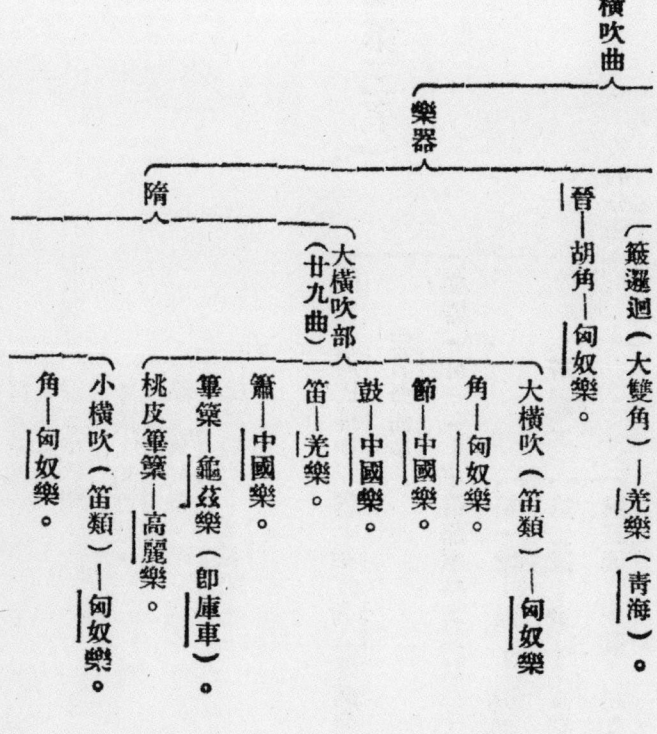

·国故学大纲·
梁溪图书馆
一九二六年版

- 小橫吹部
  - 笛—羌樂。
  - 簫—中國樂。
  - 篳篥—龜茲樂。
  - 笳—匈奴樂。
  - 桃皮篳篥—高麗樂。

（第三表）

- 一般的分類
  - 歷史—周代房中三調，秦代壽人楚調側詞，漢代街陌謳謠……後產生清商曲辭。
  - 樂器（註一）—笙笛節歌琴瑟（註二）琵琶箏。
  - 辭（註三）
    - 第一段—豔—引子
    - 第二段—辭—本辭
    - 第三段—趨亂—尾聲
    - 辭敍事，志盡於詩。

第八章 文学（二）——平民文学（上）

- 組織
  - 聲（註三）
    - 羊吾夷伊那何
    - 幾令吾微令吾
    - 聲成文，音書於曲。
  - 解（註四）——如音樂中之一段。
- 地理——趙代秦楚。
- 分類
  - 音調的分類。
  - 實質的分類。
- 相和六引
  - 宮引……闕。
  - 商引……有聲無辭。
  - 角引……闕。
  - 徵引、羽引——有聲無辭。
  - 箜篌引——一調（高麗人作）。
- 相和曲——多神秘思想及死之恐怖（薤露）。

·国故学大纲·
梁溪图书馆
一九二六年版

- 相和歌
  - 吟嘆曲—多吟歷史中悲哀之事，如「明君」「楚妃」等，與史詩相似。
  - 音調的分類
    - 四弦曲
      - 張女四弦
      - 李延年四弦
      - 嚴卯四弦
      - 蜀國四弦
      - 均闕。
    - 相和五調
      - 平調曲—周房中三調之一。
      - 清調曲—周房中三調之一。
      - 瑟調曲—周房中三調之一。
      - 楚調曲—漢房中樂之一，乃楚聲也。
      - 側調曲—由楚調而生，漢房中樂之一，辭調不傳。
    - 大曲。
  - （1）社會類。

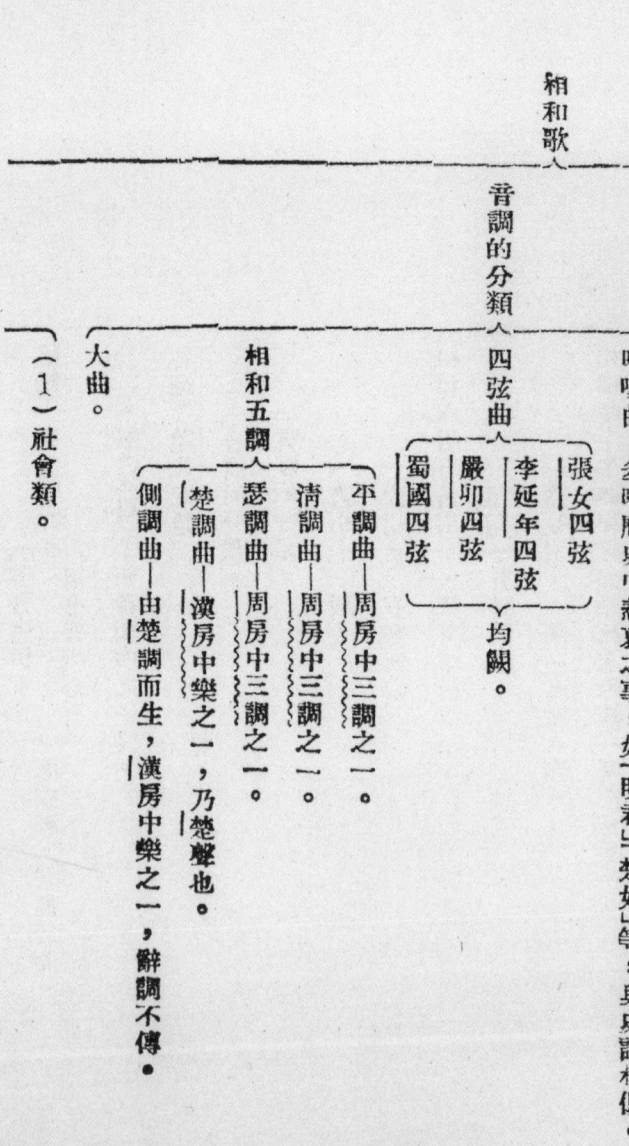

實質的分類
- （2）征戰類。
- （3）寫情詩類。
- （4）神祕類
  - 理想的。
  - 恐怖的。
- （5）頹廢類。
- （6）歷史類
  - 宮庭的。
  - 民間的。
- （7）社會道德類

（註一）清樂用鐘一架，磬一架，琴一，弦琴一，瑟一，秦琵琶一，臥箜篌一，筑一，箏一，節鼓一，笙二，笛二，簫二，篪二，葉一，歌二。（讌樂攷原）

（註二）瑟調多下聲，弄高弄遊弄篪等四種。楚調有筑。

（註三）沈約云「樂人以聲音相傳，訓詁不可復解。凡古樂錄皆大字是辭，細字是聲。聲辭合寫，故致然爾。幾令吾見宋鐃歌。」

（註四）古今樂錄曰「傖歌以一句爲一解，中國以一章爲一解。古曰章，今曰解。作詩有豐約，故制解有多少。」

鼓吹曲二十二曲，字句錯訛，不能全讀。惟其爲民間的文學，則就其可解者已可攷見之。古今樂錄曰：『漢鼓吹鐃歌十八曲，字多訛誤。一曰朱鷺，二曰思悲翁，三曰艾如張，四曰上之回，五曰擁離，六曰戰城南，七曰巫山高，八曰上陵，九曰將進酒，十曰君馬黃，十一曰芳樹，十二曰有所思，十三曰雉子班，十四曰聖人出，十五曰上邪，十六曰臨高台，十七曰遠如期，十八曰石留。又有務成，玄雲，黃爵，釣竿，亦漢曲也。其辭亡。或云漢鐃歌二十一，無釣竿，擁離亦曰翁離。』

『戰城南爲戰爭之呻吟，其辭曰：

『戰城南，死郭北，野死不葬烏可食；爲我謂烏，且爲客豪；野死諒不葬，腐

·国故学大纲·
梁溪图书馆
一九二六年版

肉安能去子逃。水深激激，蒲葦冥冥，梟騎戰鬬死，駑馬徘徊鳴。梁築室，何以南？何以北？禾黍不穫，君何食？願爲忠臣，安可得？思子良臣，良臣誠可思，朝行出攻，暮不夜歸。」

巫山高乃旅客思歸之歌，其辭曰：

「巫山高，高以大。淮水深，難以逝。我欲東歸，客梁不爲。我集無高，曳水何梁。湯湯回回，臨水遠望，泣下霑衣。遠道之人心思歸，謂之何？」

將進酒則墮廢者之歌吟，其辭曰：

「將進酒，乘大白。辨加哉，詩審博；放故歌，心所作。同陰氣，詩悉索。使禹良工觀者苦！」

有所思與上邪則戀歌也。其辭曰：

「有所思，乃在大海南。何用問遺君？雙珠瑇瑁簪，用玉紹繚之。聞君有他

·国故学大纲·
梁溪图书馆
一九二六年版

心，拉雜摧燒之，摧燒之，當風揚其灰。從今以往，勿復相思，相思與君絕。鷄鳴狗吠，兄嫂當知之。妃呼狶，秋風肅肅晨風颸，東方須臾高知之。』——有所思

『上邪，我欲與君相知，長命無絕衰。山無陵，江水爲竭，冬雷震震夏雨雪，天地合，乃敢與君絕。』——上邪

橫吹曲，其始亦謂之鼓吹，馬上奏之，蓋軍中之樂也。北狄諸國，皆馬上作樂，故自漢已來，北狄樂總歸鼓吹署。其後分爲二部：有簫笳者爲鼓吹，用之朝會道路，亦以給賜。有鼓角者爲橫吹，用之軍中馬上所奏者是也。晉書樂志曰：「橫吹有鼓角，又有胡角；」橫吹有雙角，卽胡樂也。漢博望侯張騫入西域傳其法於西京，唯得摩訶兜勒一曲。李延年因胡曲更造新聲二十八解。魏晉以來，二十八解不復具存，而世所用者有黃鵠等十曲，其辭後亡。又有關山月等八曲，後世之所加也。後魏之世，有簸邏迴歌，其曲多可汗之辭，皆燕魏之際鮮

卑歌，歌辭虜音不可曉解，蓋大角曲也。又古今樂錄有梁鼓角，橫鼓曲，多敍慕容垂及姚泓時戰陣之事其曲有企喻等歌三十六曲，樂府胡吹舊曲，又有隔谷等歌三十曲，總六十六曲，未詳時用何篇也。

橫吹曲之繼起者，以木蘭詞爲最著。木蘭詞記事抒情均爲文學中上品。其詞曰：

「唧唧復唧唧，木蘭當戶織，不聞機杼聲，惟聞女歎息。問女何所思，問女何所憶。「女亦無所思，女亦無所憶。昨夜見軍帖，可汗大點兵，軍書十二卷，卷卷有爺名；阿爺無大兒，木蘭無長兄；願爲市鞍馬，從此替爺征。」東市買駿馬，西市買鞍韉，南市買轡頭，北市買長鞭。朝辭爺孃去，暮宿黃河邊；不聞爺孃喚女聲，但聞黃河流水鳴濺濺。旦辭黃河去，暮至黑水頭，不聞爺孃喚女聲，但聞燕山胡騎聲啾啾。萬里赴戎機，關山度若飛；朔氣傳金柝，寒光照鐵衣；將軍百戰死，壯士十年歸；歸來見天子，天子坐明堂，策勳十二轉，賞賜百千彊。可汗問所欲，「木蘭不用尚書郎，願馳千里足，送兒還故鄉。」爺孃聞女來，出郭相扶將；阿姊聞妹來，當戶理紅妝；小弟聞姊來，磨刀霍霍向豬羊。開我東閣門，坐我西閣牀，脫我戰時袍，著我舊時裳，當窗理雲鬢，對鏡帖花黃。出門看火伴，火伴始驚惶；同行十二年，不知木蘭是女郎。雄兎脚撲朔，雌兎眼迷離；兩兎傍地走，安能辨我是雄雌？」

相和歌者，宋書樂志曰：「相和，漢舊曲也。絲竹更相和，執節者歌。」唐書樂志曰：「平調，清調，瑟調，皆周房中曲之遺聲，漢世謂之三調。又有楚調，側調。楚調者，漢房中樂也。高帝樂楚聲，故房中樂皆楚聲也。側調者生於楚調，與前三調，總謂之相和調。」晉書樂志曰：「凡樂章古辭之存者，並漢世街陌謳謠。江南可採蓮，烏生十五子，白頭吟之屬，其後漸被於絃管，卽相和諸曲是也。魏

·国故学大纲·
梁溪图书馆
一九二六年版

晉之世，相承用之。永嘉之亂，五都淪覆；中朝舊音，散落江左。後魏孝文宣武用師淮漢，收其所穫南音，謂之清商樂，相和諸曲亦皆在焉。所謂清商正聲，相和五調，伎也。」凡諸調歌辭，並以一章爲一解。古今樂錄曰：『傖歌以一句爲一解；中國以一章爲一解。王僧虔啟云：「古曰章，今曰解，解有多少。當時先詩而後聲。詩敘事，聲成文，必使志盡於詩，音盡於曲。是以作詩有豐約，制解有多少。又諸調曲皆有辭有聲，而大詩又有豔，有趨，有亂。辭者其歌詩也；聲者若羊吾夷伊那何之類也。豔在曲之前，趨與亂在曲之後，亦猶吳聲西曲前有和後有送也。」』

相和歌辭原調之存亡，已見前表。其存者一爲相和六引中之箜篌引。『箜篌引者朝鮮津卒霍里子高妻麗玉所作也。子高晨起刺船，有一白首狂夫，被髮提壺，亂流而渡，其妻隨而止之，不及，遂墮河而死。於是援箜篌而歌曰：「

公無渡河；公竟渡河；渡河而死，當奈公何？」聲甚悽慘。曲終，亦投河而死。子高還以語麗玉。麗玉傷之，乃引箜篌而寫其聲，聞者莫不墮淚飲泣。麗玉以其曲傳鄰女麗容，名曰箜篌引。』（崔豹古今注）一爲相和曲。『古今樂錄曰：「張永元嘉技錄相和有十五曲：一曰氣出唱，二曰精列，三曰江南，四曰度關山，五曰東光，六曰十五，七曰薤露，八曰蒿里，九曰覲歌，十曰對酒，十一曰雞鳴，十二曰烏生，十三曰平陵東，十四曰東門，十五曰陌上桑。」十三曲有辭：氣出唱，精列，度關山，薤露，蒿里，對酒並魏武帝辭；十五，文帝辭；江南，東光，雞鳴，烏生，平陵東，陌上桑並古辭是也。二無辭：覲歌，東門是也。』一爲吟嘆曲。『古今樂錄曰：「張永元嘉技錄有吟嘆四曲：一曰大雅吟，二曰王明君，三曰楚妃歎，四曰王子喬。」大雅吟，王明君，楚妃歎並石崇辭；王子喬，古辭。王明君一曲，今有歌。大雅吟，楚妃歎二曲，今無能歌者。』一爲琴調曲。『古今樂錄曰：「王僧虔技

·国故学大纲·
梁溪图书馆
一九二六年版

錄：瑟調曲有善哉行，隴西行，折楊柳行，西門行，東門行，東西門行，都東西門行，順東西門行，飲馬行，上留田行，新城安樂宮行，婦病行，孤子生行，放歌行，大牆上蒿行，節田黃爵行，釣竿行，臨高台行，長安城西行，武舍之中行，雁門太守行，豔歌何嘗行，豔歌福鍾行，豔歌雙鴻行，煌煌京洛行，帝王所居行，門有車馬客行，牆上難用趨行，日重光行，蜀道難行，櫂歌行，有所思行，蒲坂行，採梨橘行，白楊行，胡無人行，青龍行，公無渡河行。」荀氏錄所載十五曲傳者九曲，其六曲今不傳。』一爲楚調曲。『古今樂錄曰：「王僧虔技錄：楚調曲有白頭吟行，泰山吟行，梁甫吟行，東武琵琶吟行，怨詩行。」』一爲大曲。『宋書樂志曰：大曲十五曲：一曰東門，二曰西山，三曰羅敷，四曰西門，五曰默默，六曰園桃，七曰白鵠，八曰碣石，九曰何嘗，十曰置酒，十一曰爲樂，十二曰夏門，十三曰王者布大化，十四曰洛陽令，十五曰白頭吟。』今存爲樂滿歌行。

·国故学大纲·
梁溪图书馆
一九二六年版

相和歌辭之實質的分類，愚對於徐表修正之如下：

相和歌辭之實質
- 抒情
  - 戀愛—陌上桑，塘上行。
  - 哀悼—箜篌行，薤露，蒿里。
  - 呻吟—上留田，孤兒行。
- 敘事
  - 宮庭—王明君，長安有狹斜行。
  - 民間—隴西行。
- 哲理
  - 神秘派—善哉行。
  - 頹廢派—短歌行，西門行。

相和歌辭之戀歌，屬於相戀的有陌上桑之流；屬於失戀的，有塘上行之流。陌上桑之詞曰：

『日出東南隅，照我秦氏樓。秦氏有好女，自名爲羅敷。羅敷喜蠶桑，採桑城南隅，青絲爲籠係，桂枝爲籠鈎；頭上倭墮髻，耳中明月珠；湘綺爲下裙，紫綺爲上襦。行者見羅敷，下擔捋髭鬚；少年見羅敷，脫帽着帩頭；耕者忘其耕，鋤者忘其鋤；來歸相怒怨，但坐觀羅敷。使君從南來，五馬立踟躕。使君遣吏往，問是誰家姝？秦氏有好女，自名爲羅敷。「羅敷年幾何？」「二十尚不足，十五頗有餘。」使君謝羅敷！「寧可共載不？」羅敷前置辭，「使君一何愚？使君自有婦，羅敷自有夫。」』

塘上行之詞曰：

『蒲生我池中，其葉何離離！傍能行仁義，莫若妾自知。衆口鑠黃金，使君生別離。念君生我時，獨愁常苦悲；想見君顏色，感結傷心脾。念君常苦悲，夜夜不能寐。莫以豪賢故，棄捐素所愛；莫以魚肉賤，棄捐蔥與薤；莫以麻枲賤，棄捐菅與蒯！出亦復苦愁，入亦復苦愁！邊地多悲風，樹木何修修！從君致獨樂，延年壽千秋！』

其他則雜曲歌辭中孔雀東南飛一詩，以一千七百餘字述寫一悲劇，爲古今第一首長詩。情則纏綿，詞則悱惻，誠抒情詩中之佳構！如詩中敍蘭芝將別夫還家上堂拜母，乘別小姑，無一句不引人同感。尤以別小姑時之『卻與小姑別，淚落連珠子。「新婦初來時，小姑始扶牀。今日被驅遣，小姑如我長。勤心養公姥，好自相扶將。初七及下九，嬉戲莫相忘。」』等句爲最動人。惟此詩，昔人皆以爲漢末人所作；今陸侃如氏攷其爲齊梁人所作，於文學進化程序較合，宜從之。

箜篌行，哀悼之歌也，已見前引。他若薤露蒿里，亦皆哀悼之歌。薤露詞曰：

『薤上露，何易晞？露晞明朝更復落，人死一去何時歸？』

蒿里之詞曰：

『蒿里誰家地？聚斂魂魄無賢愚！鬼伯一何相催促？人命不得少踟躕！』

·国故学大纲·
梁溪图书馆
一九二六年版

相和歌辭中以行役而呻吟者有飲馬長城窟行，其詞曰：

『靑靑河畔草；緜緜思遠道！遠道不可思；宿昔夢見之；夢見在我傍，忽覺在他鄉；他鄉各異縣，展轉不相見！枯桑知天風，海水知天寒！入門各自媚，誰肯相爲言！客從遠方來，遺我雙鯉魚；呼兒烹鯉魚，中有尺素書。長跪讀素書，書中竟何如？上言加餐飯，下言長相憶。』

以生活壓迫而呻吟者有上留田與東門行，其詞曰：

『居世一何不同？上留田！富人食稻與粱，上留田！貧子食糟與糠，上留田！貧賤亦何傷？上留田！祿命懸在蒼天，上留田！今爾歎息，將欲誰怨？上留田！』——上留田

『出東門，不願歸來；入門悵欲悲！盎中無斗米儲，還視架上無懸衣。拔劍東門去，舍中兒母牽衣啼，他家但願富貴，賤妾與君共餔糜。上用倉浪天，故下

當用此黃口兒。今非咄行，吾去爲遲，白髮時下難久居！」——東門行

以孤零而呻吟者，有孤兒行婦病行，其詞曰：

『孤兒行孤兒遇生，命獨當苦。父母在時，乘堅車，駕駟馬。父母已去，兄嫂令兒行賈；南到九江，東到齊與魯。臘月來歸，不敢自言苦。頭多蟣蝨，面目多塵。大兄言辦飯，大嫂言視馬。上高堂行取殿，下堂孤兒淚下如雨。使我朝行汲，暮得水來歸，手爲錯，足下無菲。愴愴履霜，中多蒺藜。拔此蒺藜，腸肉中愴欲悲。淚下渫渫，青涕纍纍。冬無複襦，夏無單衣。居生不樂，不如早去，下從地下黃泉。春風動，草萌芽。三月蠶桑，六月收瓜。將是瓜車，來到還家。瓜車反覆，助我者少，啗瓜者多！「願還我蒂兒與嫂嚴，獨且急歸，當興校計」。亂曰：里中一何譊譊！願欲寄尺書，將與地下父母兄弟難與久居！』——孤兒行

『婦病連年累歲，傳呼丈人前一言。當言未及得言，不知淚下一何翩翩！

·国故学大纲·
梁溪图书馆
一九二六年版

屬累君兩三孤子，莫我兒飢且寒！有過愼莫笪笞，行當折搖，思復念之。亂曰：抱時無衣，襦復無裏，閉門塞牖舍。孤兒到市，道逢親交，泣望不能起。從乞求與孤買餌，對交涕泣，淚不可止。我欲不傷悲，不能已。探懷中錢，持授之。交入門，見孤兒啼索其母抱。徘徊其舍中，行復爾耳，棄置勿復道。』

敍事之相和歌辭，如王明君敍明君之出塞，楚妃敍楚妃之進諫，長門怨敍陳皇后之愁悶悲思，皆有類於史詩，今均不傳。如長安有狹斜行則敍貴族家庭之生活。其詞曰：

『長安有狹斜，狹斜不容車，適逢兩少年，扶轂問君家；君家新市傍，易知復難忘。大子二千石，中子孝廉郎；小子無官職，衣冠仕洛陽。三子俱入室，室中自生光！大婦織綺紵，中婦織流黃。小婦無所爲，挾琴上高堂；丈夫且徐徐，調絃詎未央!』

至敘述民間之生活,則有隴西行江南之類。隴西行敘模範女子之生活,江南敘江南之田野生活。其詞曰:

『天上何所有?歷歷種白楡。桂樹夾道生,青龍對道隅。鳳皇鳴啾啾,一母將九雛。顧視世間人,爲樂甚獨殊。好婦出迎客,顏色正敷愉。伸腰再跪拜,問客平安不?請客北堂上,坐客氈氍毹。青白各異尊,酒上正華疏。酌酒持與客,客言主人持。卻略再拜跪,然後持一盃。談笑未及竟,左顧敕中廚。促令辦粗飯,愼莫使稽留。廢禮送客出,盈盈府中趨。送客亦不遠,足不過門樞。取婦得如此,齊姜亦不如。健婦持門戶,亦勝一丈夫。』——隴西行

『江南可採蓮,蓮葉何田田!魚戲蓮葉間;魚戲蓮葉東;魚戲蓮葉西;魚戲蓮葉南;魚戲蓮葉北。』——江南

·国故学大纲·
梁溪图书馆
一九二六年版

神秘的哲理詩，常趨於超脫，蓋生活苦悶後所必至之象徵。如長歌行，善哉行皆屬此類。

『仙人騎白鹿，髮短耳何長。導我上太華，攬芝獲赤幢。來到主人門，奉藥一玉箱。主人服此藥，身體一日康。彊髮白更黑，延年壽命長。岧岧山上亭，皎皎雲間星。遠望使心思，遊子戀所生。驅車出北門，遙觀洛陽城。凱風吹長棘，夭夭枝葉傾。黃鳥飛相追，咬咬弄音聲。竚立望西河，泣下沾羅纓！』——長歌行

『吾欲上謁從高山，山頭危嶮大難言！遙望五嶽端，黃金為闕，班璘但見芝草葉落紛紛。百鳥集來如煙，山獸紛綸麟辟邪，其端鵾雞聲鳴，但見山獸援戲相拘攣。小復前行，玉堂未心懷流還。傳教出門，來門外人何求！所言欲從聖道，求一得命延。教敕凡吏受言，採取神藥若木端，白兎長跪擣藥蝦蟇丸，奉上陛下一玉柈，服此藥可得神仙，服爾神藥莫不歡喜，陛下長生老壽，四面肅肅

·国故学大纲·
梁溪图书馆
一九二六年版

稽首，天神擁獲左右，陛下長與天相保守。』——董逃行

『來日大難，口燥脣乾；今日相樂，皆當喜歡。經歷名山，芝草飜飜；仙人王喬，奉藥一丸。自惜袖短，內手知寒；慚無靈輒，以報趙宣。月沒參橫，北斗闌干，親交在門，饑不及餐。歡日尚少，戚日苦多，以何忘憂？彈箏酒歌。淮南八公，要道不煩。參駕六龍，遊戲雲端。』——善哉行

頹廢派之詩，如短歌行，西門行，等皆是也。其詞曰：

『對酒當歌，人生幾何！譬如朝露，去日苦多。慨當以慷，憂思難忘；以何解憂？唯有杜康！』——短歌行

『出西門，步念之。今日不作樂，當待何時？夫爲樂，爲樂當及時。何能望愁拂鬱，當復待來茲。飲醇酒，炙肥牛，請呼心所歡，可用釋憂愁。人生不滿百，常抱千歲憂。晝短而夜長，何不秉燭游？自非仙人王子喬，計會壽命難與期。自非仙

人王子喬，計會壽命難期。人壽非金石，年命安可期？貪財愛惜費，但爲後世嗤』——西門行

永嘉亂後，南北民情隔絕。南方沿相和歌之舊，抒情詩有特殊之發展。北方則輸入外族之文學，豪爽眞實，迥異我國舊文化。

南方之抒情詩，可分吳越文學，荊楚文學爲二。吳越文學，爲淸商曲辭之一方面承襲中原流入之舊曲，一方面采取民間之新調。東晉以來，漸次增加，由徒歌而譜入管絃。其中作品，皆在當時文學家作品之上。如綠珠之懊儂曲，雲陽女子之華山畿曲，王義康所作之讀曲歌，趙文韶之青溪小姑曲，以及上聲歌，歡聞變歌，子夜變歌，子夜警歌，黃竹子歌，神弦歌。嬌女詩，白石郎曲，湖就姑曲，神弦別曲……皆珍品也。

『絲布澀難縫，令儂十指穿。黃牛細犢車，遊戲出孟津。江中白布帆，烏布

·国故学大纲·
梁溪图书馆
一九二六年版

禮中帷。撣如陌上鼓，許是儂歡歸。｜江陵去揚州，三千三百里。已行一千三，所有二千在。寡婦哭城頹，此情非虛假。相樂不相得，抱恨黃泉下。我與歡相憐，約誓底言者。常歎負情人，郎今果成詐。我有一所歡，安在深閣裏。桐樹不結花，何由得梧子？蹔薄牛渚磯，歡不下廷板。水深沾儂衣，白黑何在浣！月落天欲曙，能得幾時眠？悽悽下牀去，儂病不能言。髮亂誰料理？託儂言相思。還君華豔去，催送實情來。懊惱奈何許？夜聞家中論，不得儂與汝。』——懊儂歌

『華山畿！君既爲儂死，獨生爲誰施？歡若見憐時，棺木爲儂開。夜相思，｜投壺不停箭，憶歡作嬌時。未敢便相許。夜聞儂家論，不持儂與汝。懊惱不堪止，上牀解要繩，自經屏風裏。啼著曙。淚落枕將浮，身沉被流去。別後常相思。頓出千丈闕，題碑無罷時。奈何許！所歡不在間，嬌笑向誰緒？隔津歎。｜牽牛語織女，離淚溢河漢。｜啼相憶｜淚如漏刻水，晝夜流不息。無故相然我。路絕行人斷，夜

夜故望汝。一坐復一起。黃昏人定後，許時不來已。不能久長離，中夜憶歡時，抱被空中啼。腹中如湯灌，肝腸寸寸斷。教儂底聊賴？相送勞勞渚。長江不應滿，是儂淚成許！奈何許！天下人何限！——慊慊只爲汝。松上蘿——願君如行雲，時時見經過。夜相思——風吹窗簾動，言是所歡來。長鳴鷄——誰知儂念汝，獨向空中啼？腹中如亂絲。憒憒適得去，愁毒已復來。」——華山畿

『開門白水，側近橋梁。小姑所居，獨處無郎。』——清溪小姑曲

『千葉紅芙蓉，照灼綠水邊。餘花任郎摘，愼莫罷儂蓮。思歡久——不愛獨枝蓮，只惜同心藕。打壞木棲牀——誰能坐相思？三更出石闕，憶子夜啼碑。柳樹得春風，一低復一昂。誰能空相憶，獨眠度三陽。折楊柳——百鳥園林啼，道歡不離口。披被樹明燈，獨思誰能忍？欲知長寒衣，蘭燈傾壺盡。坐起歎汝好。願他甘叢香，傾筐入懷抱。逋髮不可料，顦顇爲誰睹？欲知相憶時，但看裙帶緩幾許。憶

·国故学大纲·
梁溪图书馆
一九二六年版

歡不能食，徘徊三路間，因風覓消息。朝日光景開，從君良燕遊。願如卜者策，長與千歲龜。所歡子！問春花可憐，摘插裲襠裏。芳萱初生時，知是無憂草。雙眉畫未成，那能就郎抱？百花鮮——誰能懷春日，獨入羅帳眠？憐歡敢喚名，念歡不呼字。連喚歡復歡，兩誓不相棄。奈何許！石闕生口中，銜碑不得語。初陽正二月，草木鬱青青。躡履步前園，時物感人情。青幡起御路，綠柳蔭馳道。歡贈玉樹箏，儂送千金寶。桃花落已盡，愁思猶未央。春風難期信，託情明月光。自從別郎後，臥宿頭不舉。飛龍落藥店，骨出只爲汝。日光沒已盡，宿鳥縱橫飛。徙倚望行雲，蹀躞徒郎歸。百度不一回，千書信不歸。春風吹楊柳，華豔空徘徊。音信闊弦朔，方悟千里遙。朝霜語白日，知我爲歡消。合冥過藩來，向曉開門去。歡取身上好，不爲儂作慮。五鼓起開門，正見歡子度。何處宿行還，衣被有霜露？黃絲呵素琴，汎彈弦不斷。百弄任郎作，唯莫廣陵散。思歡不得來，抱被空中語。月沒星不亮，持底明儂緒！打殺長鳴鷄，彈去烏臼鳥。願得連冥不復曙，一年都一曉。執手與歡別，合會在何時？明燈照空局，悠然未有期！百憶卻欲噫，兩眼常不燥。蕃師五鼓行，離儂何太早？含笑來相儂，一抱不能置。領後千里帶，那頓誰多媚？歡相憐，今去何時來？裲襠別抱去，不忍見分題。歡相憐，題心共飲血。梳頭入黃泉，分作兩死計。

嬌笑來向儂，一抱不能已。湖燥芙蓉萎，蓮汝藕欲死。歡心不相憐，慊苦竟何已？芙蓉腹裏萎，蓮汝從心起。下帷掩燈燭，明月照帳中。無油何所苦？但使天明儂。執手與歡別，欲去情不忍。餘光照藩坐，坐見離日盡。暫出白門前，楊柳可藏烏。歡作沈水香，儂作博山鑪。十期九不果，常抱懷恨生。然燈不下炷，有油那得明？自從近日來，了不相尋博。竹簾裲襠題，知子心情薄。下帷燈火盡，朗月照懷裏。無油何所苦？但令天明爾。一夕就郎宿，通夜語不息。黃蘗萬里路，道苦眞無極．登店買三舄，郎來買丈餘．合匹與郎去，誰解斷麤疏？逍遙待曉分，轉側聽更鼓．明月不應停，特爲相思苦．罷去四五年，相見論故情．殺荷不斷藕，蓮心已復生．』

荆楚文學，乃清商曲中之西曲歌．如石城樂，烏夜啼，莫愁樂，陽樂，三洲歌，折楊柳，采桑度等，皆產生於荆郢樊鄧之間．其曲多描寫商人之生活，如：

『我去只如還，終不在道邊．我苦在道邊，良信寄書還．沿江引百丈，一濡多一艇，上水郎擔篙，何時至江陵？江陵三千三，何足持作遠？書疏數知聞，莫令信使斷！聞歡下揚州，相送江津灣；願得篙櫓折，交郎到頭還．篙折當更覓，櫓折當更安．各自是官人，那得到頭還？百思纏中心，顦顇爲所歡．與子結終結，約折在金蘭．』——那呵灘

『送歡板橋彎，相待三山頭．遙見千幅帆，知是逐風流．風流不暫停，三山

隱行舟，願作比目魚，隨歡千里遊。湘東酃醁酒，廣州龍頭鐺。玉樽金鏤椀，與郎雙杯行。』——三洲歌

『郎作十里行，儂作九里送。拔儂頭上釵，與郎資路用。有信數寄書，無信心相憶；莫作瓶落井，一去無消息。』——估客樂

北方民族好俠尚武，崇拜寶劍，於文學中常露沙漠水草中居住時之野性。然自由多生氣，出於自然。如：

『黃桑柘屐蒲子履，中央有系兩頭繫。小時憐母大憐壻，何不早嫁論家計？誰家女子能行步？反著裌襠後裙露，天生男女共一處，願得兩箇成翁嫗。』——捉搦歌

『明月光光星欲墮，欲來不來早語我。』——馳驅樂歌

『腹中愁不樂，願作郎馬鞭。出入擐郎臂，蹀坐郎膝邊。』

『遙看孟津河，楊柳鬱婆娑。我是虜家兒，不解漢兒兒。』

皆眞切爽直，異乎南方文學之吞吐廻盪也。

·国故学大纲·
梁溪图书馆
一九二六年版

第九章　文學(三)——平民文學(中)

逮及唐代，以南北文學之結合，以平民文學之精神參入貴族文學之中，乃產生所謂平民化的文學，將於下章詳論之。平民文學之他方面則於唐代已見萌孽。彼時之傳奇小說，敘述雜事，記錄異聞，綴輯瑣語，乃後世戲曲小說之祖。趙宋代興，平民化文學則由詩趨於詞，南方平民文學則由傳奇小說進而爲平話小說，及鼓子詞，北方平民文學則有金元之院本雜劇。至元代戲曲已告完成，至明代而小說亦告完成，平民文學已達最高潮矣。故唐代而下，平民文學之史的發展，可作二系統述之：甲、戲曲之史的發展，乙、小說之史的發展。

我國戲曲之起原，不無一二可攷；在本章中無述說之必要，姑從略。唐之梨園戲與宋之雜劇，皆有戲而無曲。金之院本，始略具戲曲之雛形，爲北曲所導源。南宋之鼓子詞，爲南曲所導源。毛西河云：『古歌舞不相合，歌者不舞，舞者不歌；卽舞曲中詞，亦不與舞者搬演照應。宋末，有安定郡王趙令畤者，始作商調鼓子詞，譜西廂傳奇，則純以事實譜詞曲間，然尤無演白也。至金章宗朝，董解元不知何人，實作西廂搊彈詞，則有白有曲，專以一人搊彈，並念唱之。』故董西廂一書，可推爲戲曲之祖。莊嶽委談云：『西廂記雖出唐人鶯鶯傳，實本金董解元。董曲今尙行也，精工巧麗，備極才情，而字字本色，言言古意，當是古今傳奇鼻祖；金元一代文獻盡此矣。然其曲乃優人絃索彈唱者，非搬演雜劇也。』其他院本，見於輟耕錄者，抄錄於左：

上皇院本：

壺春堂，太湖石，金明池，戀鰲山，六變妝，萬歲山，打草陣，

·国故学大纲·
梁溪图书馆
一九二六年版

賞花燈，錯入內，問相思，探花街，斷上皇，打毬會，春從天上來。

霸王院本：

悲怨霸王，范增霸王，草馬霸王，三官霸王，補塑霸王。

諸雜太小院本：

喬記孤，旦判孤，計算孤，雙判孤，百戲孤，啃咕孤，燒棗孤，孝經孤，菜園孤，貨郎孤，合房酸，麻皮酸，花酒酸，狗皮酸，還魂酸，別離酸，王纏酸，謁食酸，三揲酸，哭貧酸，插撥酸，酸孤旦，毛詩旦，老孤遺旦，纏三旦，千哨旦，哮賣旦，貧富旦，書櫃兒，紙欄兒，葵奴兒，剃毛兒，喜牌兒，卦册兒，繡篋兒，粥碗兒，似娘兒，卦鋪兒，師婆兒，教學兒，鷄鴨兒，黃丸兒，稜角兒，田牛兒，小丸兒，醜奴兒，莊周夢，花酒夢，蝴蝶夢，瑤池會，八仙會，蟠桃會，洗兒會，藏鬮會，赤壁鏖兵，陳橋兵變，張生煮魚等。

宋金之所謂雜劇院本者，其中有滑稽戲，有正雜劇，有豔段，有雜班，又有種種技藝遊戲。其所用之曲，有大曲，有法曲，有諸宮調，有詞，其名雖同，而其實頗異。至元之雜劇，始成一定之體段，用一定之曲調，而百餘年無敢踰越者。

元曲作家，見於鍾嗣成之錄鬼簿者，凡百十七人。鍾，元末人，此書初作於至順元年，而下紀喬吉甫之死，（至正五年。）其間殆經十數年之修正。書中所錄之作者凡三類：

（一）前輩已死名公才人，有所編傳奇行於世者。

（二）方今已亡名公才人余相知，及已死才人不相知者，

·国故学大纲·
梁溪图书馆
一九二六年版

（三）方今才人相知者．及方今才人聞名而不相知者．
王國維氏著宋元戲曲史，以鍾氏之第一期為蒙古時代，自太宗窩闊台取中原至世祖忽必烈統一南北止，約五十年．第二期為統一時代，自此後至至順後至元間止，約六十年．第三期為元末時代，即順帝之至正年間．第一期作家，皆北方漢人．第二期作家多南方人，以及北方人之僑於南方者．第三期作家亦多南方人．茲據點鬼簿表刊時代及生地如左：

地／時	第一期	第二期	第三期
大	△關漢卿（五八） △馬致遠（十二） △紀天祥（六） △張國寶（三） 趙明道（二） 李寬甫（一） △王實甫（十四） 庚天錫（十四） △王仲文（十） △楊顯之（八） 費君祥（一） 費庚臣（三）	△曾瑞（一）	

·国故学大纲·
梁溪图书馆
一九二六年版

都

△王伯成(二)涿州
梁進之(二)
△孫仲章(二)
李子中(二)
△石子章(二)
李時中(二)
紅字李二(三)京兆

中書省

△李好古(三)保定
△李文蔚(十三)眞定
侯正卿(十二)眞定
△鄭廷玉(廿三)彰德
陳甯甫(一)大名
△岳伯川(二)濟南
張時起(四)東平
△吳昌齡(十九)西京大同
△石君寶(十)平陽
△狄君厚(一)平陽

彭伯威(一)保定
△尙仲賢(十)眞定
史九山人(一)眞定
趙文殷(三)彰德
王廷秀(四)益都
△康進之(二)棣州
顧仲淸(二)東平
△李壽卿(十)太原
于伯開(六)平陽
△孔文卿(一)平陽

△富天挺(六)大名
趙良弼(一)東平
陳無妄 東平
△喬吉甫(十二)太原
△鄭光祖(十七)平原
李顯卿 東平

高君瑞 眞定

所屬	河南江北等處行中書省所屬
△李直夫（十一）女眞 白　朴（十四）眞定 △戴尙輔（五）眞定 江澤民（一）眞定 李進取（三）大名 △武漢臣（十）濟南 △高文秀（三二）東平 △張壽卿（一）東平 劉唐卿（二）太原 趙公輔（二）平陽 （？）李行甫（一）絳州	趙天錫（二）汴梁 姚守中（三）洛陽 陸顯之（一）汴梁 △孟漢卿（一）亳州
	睢景臣（三）揚州
	孫子羽（一）揚州 張鳴善（二）揚州

·国故学大纲·
梁溪图书馆
一九二六年版

江浙等處行中書省所屬

廖　毅　建康
△金仁傑(七)杭州
△范　康(二)杭州
沈　和(五)杭州
鮑天祐(八)杭州
陳以仁(二)杭州
范居中　杭州
施　惠　杭州
黃天澤　杭州
沈　拱　杭州
吳本世　杭州
周文質(四)
胡正臣　杭州
俞仁夫　杭州
張以仁　湖州
顧廷玉　松江
李用之　松江

△秦閒夫(五)杭州
△蕭德祥(五)杭州
陸登善(二)杭州
△王　曄(三)杭州
王仲元(三)杭州
徐甫思　嘉興
吳　朴　平江
黃公望　姑蘇
錢　霖　松江
顧德潤　松江
張可久　慶元
汪勉之　慶元
趙善慶(五)饒州

末	詳
趙子祥（三）　李　郎（二）	
屈產英	
王思順	
蘇產文	
李齊賢	
劉宣子	
吳仁卿（四）高可道	
屈子敬（五）李邦傑	
△朱　凱　曹明善	
高敬臣　高安道	
王守中	

元曲諸作家，以關，王，白，馬，（以上第一期）鄭，喬，（第二期）爲最，稱六大家。關漢卿著有六十三種，鄭光祖十九種，白朴十七種，馬致遠王實甫十四種，喬吉甫十一種。其曲之存者見於元曲選及古今雜劇中。

元曲之體製，有嚴格之規定。體製之一般定則如左：

A、一本四折　見於百種曲中者，皆一本四折。惟趙氏孤兒一本有五折。一折與歐人之一幕相當。毛西河詞話云：『元人造曲，則歌者舞者合作一人，使勾欄舞者，自司歌唱，而第設笙，笛，琵琶，以和其曲。每入場以四折爲度，謂之雜劇。其有連數雜劇，而通譜一事，或一劇，或二劇，或三四五劇，名爲院本。西廂者，合五劇而譜一事者也。然其時司唱獨屬一人，仿連廂之法，不能遽變。

B、一折一調一韻　北曲之宮調，凡十有二。而雜劇中用者無過五宮四調。

黃鐘宮二十四曲　仙呂宮四十一曲　正宮二十五曲

中呂宮三十二曲　南呂宮二十一曲　雙調一百曲

大石調二十一曲　越　調三十五曲　商調十六曲

小石調　五曲　商角調　六曲　般涉調　八曲

梁廷枏曲話云：「百曲中第一折，必用仙呂點絳唇套曲；第二折多用南呂一枝花套曲，餘則多用正宮端正好商調集賢賓等調。蓋一時風氣所尚，人人習慣其聲律之高下，句調之平仄，先已熟記於胸中，臨文時，或長

·国故学大纲·
梁溪图书馆
一九二六年版

或短，隨筆而赴，自無不暢所欲言」。百種曲中所見者，可列表以爲實例：

宮調	套數	第一折	第二折	第三折	第四折
仙呂	點絳脣	95	2	0	0
	入聲甘州	3	0	0	0
	村裏迓鼓	0	0	0	1
南呂	一枝花	0	35	8	1
中呂	紛蝶兒	0	13	30	[illegible]
正宮	端正好	1	31	18	5
黃鐘	醉花陰	0	1	2	4
大石	六國朝	1	0	1	0
	念奴嬌	0	1	0	0
商調	集賢賓	0	7	12	0
越調	鬭鵪鶉	0	6	15	1
	耍三台	0	1	0	0
雙調	新水令	0	2	13	71
	五供養	0	1	1	1
		100	100	100	100

一折之中，一韻到底。韻依中原音韻之十九部韻。

C、楔子 小說之引端曰楔子，以物出物之義，謂以此事楔出彼事也。「元曲本止四折，其有餘情，難入四折者另爲楔子；止一二小令，非長套也。

D、一人獨唱　北曲之唱者限於一人。李笠翁謂：『賓與主對，說白在賓，而唱者自有主也。北曲一折，止隸一人；雖有數人在場，其曲止出一口，從無互歌迭詠之事。』（閑情偶寄）梁廷枏謂：『元曲則歌舞合於一人，一折自首至末，皆以其人專唱，非正末則正旦，唱者爲主，而白者爲賓，則連廂之法未盡變也。』（曲話）

E、題目正名　北曲之末尾，必殿以題目正名。大都爲二句或四句，由七言或八言之聯句以成。如關漢卿之竇娥冤：

題目　秉鑑持衡廉訪法

正名　感天動地竇娥冤

如白仁甫之梧桐雨：

·国故学大纲·
梁溪图书馆
一九二六年版

題目　安祿山反叛干戈舉　陳元禮拆散鸞鳳侶

正名　楊貴妃曉日荔枝香　唐明皇秋夜梧桐雨

毛西河於詞話中謂：『少時觀西廂記，見每一劇末，必有絡絲娘煞尾一曲，於扮演人下場後復唱，且復念正名四句。此是誰唱誰念？至末劇扮演人唱清江引曲，齊下場，後復有隨煞一曲，正名四句，總目四句，俱不能解唱者念者之人。及得連廂詞例，則司唱者在坐間，不在場上。故雖變雜劇，猶存坐間代唱之意。此種移蹤換跡，以漸轉變，雖詞曲小數，然亦考古家所當識者。』

漢宮秋為馬致遠之傑作，西廂記為王實甫之傑作，引之為例以便說明。

漢宮秋之體製如左：

楔　子　正末唱　仙呂賞花時零曲　家麻韻

·国故学大纲·
梁溪图书馆
一九二六年版

第一折　正末唱　仙呂點絳唇套數　家麻韻
第二折　正末唱　南呂一枝花套數　尤侯韻
第三折　正末唱　雙調新水令套數　江陽韻
第四折　正末唱　中呂粉蝶兒套數　庚青韻

題目　沉黑江明妃青塚
正名　破幽夢孤雁漢宮秋

登場人物：

正末　漢元帝
正旦　王昭君
冲末　番王呼韓邪單于
淨　毛延壽

外　尚書令五鹿充宗

丑　內常侍石顯

雜色　文武內宮　宮女　番使　番兵　部落

文：此劇即運用昭君出塞故事而成，其描述之手段，爲曲中神品。如混江龍之曲

『料必他珠簾不掛，望昭陽一步一天涯。疑了些無風竹影，恨了些有月窗紗！他每見絃管中巡玉輦，恰便似斗牛星畔盼浮槎。是誰人偷彈一曲，寫出嗟呀！莫便要忙傳聖旨報與他家。我則怕乍蒙恩，把不定心兒，怕驚起宮槐宿鳥，庭樹棲鴉！』

寫景寫情，當行出色，元曲中第一義也。又如梅花酒之後半：

『他……他……他傷心漢主；我……我……我攜手上河梁，他部從入窮荒；

我鑾輿返咸陽，返咸陽；過宮牆，過宮牆；遶迴廊，遶迴廊；近椒房，近椒房；月昏黃，月昏黃；夜生涼，夜生涼；泣寒螿，泣寒螿；綠紗窗，綠紗窗！不思量，呀不思量，除是鐵心腸，鐵心腸也，愁淚滴千行！」

一層進一層，婉轉流麗，絕妙好辭也！

西廂記本事以元微之之會眞記爲根據。自會眞記以下，凡經四變：一變而爲趙德麟之商調鼓子調，再變而爲董解元之西廂記搊彈詞，三變而爲元之北曲西廂記，四變而爲明之南曲西廂記。變遷之跡，可以左例明之：

（會眞記）元微之	於是絕望數夕，張君臨軒獨寢；忽有人覺之，驚欻而起，則紅娘斂衾攜枕而至，撫張曰：「至矣！至矣！睡何爲哉？
（崔鶯鶯商調蝶戀花詞）趙德麟	後數夕，張君臨軒獨寢，忽有人覺之，驚欻而起，則紅娘斂衾攜枕而至，撫張曰：『至矣，至矣！睡何爲哉？』並枕

·国故学大纲·
梁溪图书馆
一九二六年版

一置枕設衾而去.張生拭目危坐久之,猶疑夢寐,然而修謹以俟.俄而紅娘捧崔氏而至;至則嬌羞容冶,力不能運支體.曩時端莊,不復同矣.是夕旬有八日也,斜月晶熒,幽輝半床.張生飄飄然,且疑神仙之徒,不謂從人間至矣.有頃,寺鐘鳴,天將曉,紅娘促去.崔氏嬌啼宛轉;紅娘又捧之而去;終夕無一言.張生辨色而興,自疑曰:「豈其夢耶?」及明,靚粧在臂,香在衣,淚光熒熒然,尤瑩於茵席而已.

重衾而去.張生拭目危坐久之,尤疑夢寐.俄而紅娘捧崔而至,則嬌羞融冶,力不能運支體;曩時之端莊,不復同矣.是夕旬有八日,斜月晶熒,幽輝半牀,張生飄飄然,且疑神仙之徒,不謂從人間至也,有頃,寺鐘鳴曉,紅娘促去.崔氏嬌啼宛轉,紅娘又捧而去,終夕無一言.張生辨色而興,自疑曰:「豈其夢耶?」所可明者:妝在臂,香在衣,淚光熒熒然,尤瑩於茵席而已.

奉勞歌伴,再和前聲:

·国故学大纲·
梁溪图书馆
一九二六年版

董解元西廂	王實甫西廂
	「數夕孤眠如度歲，將謂今生會合終無計。正是斷腸凝望際，雲心捧得嫦娥至。玉困花柔羞抆淚，端莊妖嬈，不與前時比。人去月斜疑夢寐，衣香尤在妝留臂。」
董解元西廂 （大石調）（玉翼蟬）蟾宮客，赴帝闕，相送臨郊野。恰俺與鶯鶯鴛幃暫相守，被功名使人離缺；好緣業，空悒怏，頻嗟嘆，不忍輕離別，早是恁悽悽涼涼，受煩惱，那堪値暮秋時節！	王實甫西廂 （第三折） （夫人，長老上云） 今日送張生赴京，十里長亭，安排下筵席。我和長老先行，不見張生小姐來到。

雨兒乍歇，向晚風如懍冽，那聞得衰柳蟬鳴悽切。未知今日別後，何時重見也？衫袖上，盈盈揾淚不絕。幽恨眉峰暗結，好難割捨。縱有千種風情何處說！

（尾）莫道男兒心如鐵石，君不見滿川紅葉盡是離人眼中血！

……………………

（黃鐘宮）（出隊子）

（尾）馬兒登程，坐車兒歸舍。馬兒往西行，坐車兒往東拽。兩口兒，一步兒

（旦，末，紅同上）（旦云）

今日送張生上朝取應，早是離人傷感。況值那暮秋天氣，好煩惱人也呵！悲歡聚散一杯酒，南北東西萬里程。

（正宮）（端好）碧雲天，黃花地，西風緊，北雁南飛。曉來誰染霜林醉？總是離人淚！

……………………

……………………

……………………

·国故学大纲·
梁溪图书馆
一九二六年版

離得遠如一步也。

（仙呂調）（點絳唇纏令）美滿生離，據鞍兀兀離腸痛！舊歡新寵，變作高堂夢。回首孤城，依約青山擁，西風送，戍樓寒重，初品梅花弄。

（瑞蓮兒）衰草淒淒一徑通，丹楓索索滿林紅。平生蹤跡無定著，如斷蓬，聽塞鴻啞啞的飛過暮雲重。

（風吹荷葉）憶得枕鴛衾鳳，今宵管半壁兒沒用。觸目悽涼千萬種！見滴流流的紅葉，淅零零的微雨，率剌

……

（旦唱）

（四邊靜）霎時間杯盤狼藉，車兒投東，馬兒向西，兩意徘徊，落日山橫翠！知他今宵宿在那裏？有夢也難尋覓！

……

……

（旦唱）

（一煞）青山隔送行，疏林不做美，淡煙暮靄相遮蔽。夕陽古道無人語，

剩的西風！

（尾）驢鞭半裊，吟肩雙聳，休問離愁輕重，向箇馬兒上馱也馱不動。

禾黍秋風聽馬嘶！我爲甚麼懶上車兒？來時甚急，去後何遲？

（紅去）夫人去好一會，姐姐，咱家去！（旦唱）

（收尾）四圍山色中，一鞭殘照裏，遍人間煩惱塡胸臆，量這些大小車兒如何載得起！

北曲之西廂記，前四本爲王實甫原作，後一本爲關漢卿續編，其體裁如左表：

第一本　張君瑞鬧道場雜劇

楔子　夫人正旦唱　仙呂賞花時幺篇　東鍾韻

第一折　正末唱　仙呂點絳唇套數　先天韻

第二折　正末唱　中呂粉蝶兒套數　江陽韻

第三折　正末唱　越調鬬鵪鶉套數　庚青韻

第四折　正末唱　雙調新水令套數　蕭豪韻

題目　老夫人閑春院　崔鶯鶯燒夜香

正名　小紅娘傳好事　張君瑞鬧道場

第二本　崔鶯鶯夜聽琴雜劇

楔子　正旦唱　仙呂入聲甘州套數　眞文韻

第一折　惠明唱　正宮端正好套數　監咸韻

第二折　紅娘唱　中呂粉蝶兒套數　庚青韻

第三折　正旦唱　雙調五供養套數　歌戈韻

·国故学大纲·
梁溪图书馆
一九二六年版

第四折　正旦唱　越調鬬鵪鶉套數　東鍾韻

題目　張君瑞破賊計　莽和尚生殺心

正名　小紅娘晝請客　崔鶯鶯夜聽琴

第三本　張君瑞害相思雜劇

楔　子　紅娘唱　仙呂賞花時　廉纖韻

第一折　紅娘唱　仙呂點絳唇套數　支思韻

第二折　紅娘唱　中呂粉蝶兒套數　寒山韻

第三折　紅娘唱　雙調新水令套數　家麻韻

第四折　紅娘唱　越調鬬鵪鶉套數　侵尋韻

題目　老夫人命醫士　崔鶯鶯寄情詩

正名　小紅娘問湯藥　張君瑞害相思

·国故学大纲·
梁溪图书馆
一九二六年版

第四本 草橋店夢鶯鶯雜劇
楔　子 紅娘唱 仙呂端正好 江陽韻
第一折 正末唱 仙呂點絳唇套數 皆來韻
第二折 紅娘唱 越調鬥鵪鶉套數 尤侯韻
第三折 正末唱 正宮端正好套數 齊微韻
第四折 正末唱 雙調新水令套數 車遮韻
題目 小紅娘成好事 老夫人問由情
正名 短長亭斟別酒 草橋店夢鶯鶯
第五本 張君瑞慶團欒雜劇
楔　子 正旦唱 仙呂賞花時 皆來韻
第一折 正末旦 商調集賢賓套數 尤侯韻

第二折　正末唱　中呂粉蝶兒套數　支思韻

第三折　紅娘唱　越調鬪鵪鶉套數　眞文韻

第四折　正末唱　雙調新水令套數　魚模韻

題目　小琴童傳捷報　崔鶯鶯寄汗衫

正名　鄭伯常干捨命　張君瑞慶團欒

登場人物：

（正末）張君瑞

（外）老夫人

（淨）法本　鄭恒

（正旦）崔鶯鶯

（旦倈）紅娘

·国故学大纲·
梁溪图书馆
一九二六年版

（俠）　歡郎　琴童

（雜色）惠明　孫飛虎　杜將軍　法聰　衆僧　卒子

此曲爲抒情佳品，其述男女悲歡離合之情，多波瀾，多變化，無不恰到佳處。如：

「（越調）（拙魯速）對著盞碧熒熒短檠燈，倚著扇冷清清舊幃屏，燈兒又不明，夢兒又不成！窗兒外淅零零的風兒，透疏欞，忒楞楞的紙條兒鳴，枕頭兒上孤另，被窩兒裏寂靜，儞便是鐵石人，鐵石人也動情！」

又如：

「（天净紗）莫不是步搖得寶髻玲瓏？莫不是裙拖得環珮玎琮！莫不是鐵馬兒簷前驟風？莫不是金鉤雙控吉玎璫敲響簾櫳？

（調笑令）莫不是梵王宮夜撞鐘？莫不是疏竹瀟瀟曲檻中？莫不是牙尺剪刀聲送？莫不是漏聲長滴響壺銅？潛身再聽在牆東，元來是近西廂理絲桐?

（禿厮兒）其聲壯似鐵騎刀鎗冗冗，其聲幽如落花流水溶溶；其聲高似風淸月朗鶴唳空；其聲低似聽兒女語小窗中喁喁。

（聖藥王）他那裏思不窮，我這裏意已通。嬌鸞雛鳳失雌雄，他曲未終，我意轉濃，爭奈伯勞飛燕各西東，盡在不言中！』

又如：

『（沈醉東風）不見時准備著千言萬語，得相逢都變做短歎長噓！他急穰穰卻纔來，我羞答答怎生覷？將腸中愁恰待申訴；及至相逢，一句也無，剛道箇先生萬福！』

皆能沁入人心，使人百讀不厭。

元雜劇之視前代戲曲之進步，蓋有二端：一宋雜劇中用大曲者幾半；大

·国故学大纲·
梁溪图书馆
一九二六年版

曲之爲物，遍數雖多，然通前後爲一曲，其次序不容顚倒，而字句不容增減，格律至嚴，故其運用亦頗不便。其用諸宮調者，則不拘於一曲，凡同在一宮調中之曲，皆可用之。顧一宮調中，雖或有聯至十餘曲者，然大抵用二三曲而止，移宮換韻，轉變至多，故於雄肆之處，稍有欠焉。元雜劇則不然；每折易一宮調，每調中之曲，必在十曲以上，其視大曲爲自由，而較諸宮調爲雄肆。且於正宮之端正好等十四曲，皆字句不拘，可以增損，此樂曲上之進步也。其二則由叙事體而變爲代言體也。宋人大曲，就其現存者觀之，皆爲叙事體。金之諸宮調，雖有代言之處，而其大體只可謂之叙事。獨元雜劇於科白中叙事，而曲文全爲代言，雖宋金時或當已有代言體之戲曲，而就現存者言之，則斷自元劇始，不可謂非戲曲上之一大進步也！

繼北曲而作者則有南曲，亦戲曲上之一大進步。蓋元劇大都限於四折；

且每折限一宮調，又限一人唱，其律至嚴，不容踰越；故莊嚴雄肆，是其所長，而於曲折詳盡，猶其所短也。至南曲始除此限制，一劇無一定之折數，一折無一定之宮調。且不獨數色合唱一折，幷有以數色合唱一曲。戲曲之運用，更輕而易舉矣。

南曲之淵源於宋，殆無可疑。惟其進步之過程，則無可攷。吾輩所知者，元季已有此種南戲耳。然其淵源所自，或反古於元雜劇。即就其曲名分析之，其出於古曲者，亦較北曲爲多。南曲始於何時，未有定說。據王國維宋元戲曲史云：『以余所攷，則南戲當出於南宋之戲文，與宋雜戲無涉；惟其與温州相關係，則不可誣也。案周密癸辛雜志別集上，紀温州樂清縣楊髡之黨……旁觀不平，乃撰爲戲文以廣其事。又撰琵琶記之高則誠，亦温州永嘉人。葉盛菉竹堂書目，有東嘉韞玉傳奇，則宋元戲文大都出於温州。』

·国故学大纲·
梁溪图书馆
一九二六年版

南曲之著稱者，推荆，劉，拜，殺四大曲及琵琶記．荆釵記明寧獻王撰．以劉知遠為主人公之白兎記，不知撰人．拜月亭，明王元美何元朗臧晉叔等皆以為元施君美所撰；然亦有可疑之點．殺狗記，明初徐畛撰．作琵琶者，人人皆知其為高則誠．然其名則或以為高拭，然其名則或以為高明，其字則或以為則誠，或以為則成．

五曲之中，尤以拜月琵琶為尤著．明人何元朗臧晉叔沈德符等皆尊拜月而抑琵琶．藝苑卮言則尊琵琶記而抑拜月亭：

「琵琶記之下，拜月亭是元人施君美撰，亦佳．元朗謂勝琵琶，則大謬也．中間雖有一二佳曲，然無詞家大學問，一短也．既無風情，又無裨風教，二短也．歌演終場，不能使人墮淚，三短也．」

王國維亦推尊琵琶，謂「拜月佳處大都蹈襲關漢卿閨怨佳人拜月亭雜劇，但變其體製耳。明人罕覩關劇，又尚南曲，故盛稱之。至琵琶則獨鑄偉詞，其佳處殆兼南北之勝。』

南曲與北曲大不相同。其不同之點凡四：

（一）音韻上之不同——北曲之韻，已如前述。其無入聲與平聲之不分陰陽，皆爲其特點。李笠翁閒情偶寄云：『北曲有北音之字，南曲有南音之字；北字近於麤豪，易入剛勁之口；南音悉多嬌媚，便施窈窕之人。』要之我國地域廣大，語言素不統一，南曲北曲用韻之不同，猶南北官話之不同也。

（二）樂律上之不同——唐之教坊俗樂凡二十八調，宋十八調，元十七調。中原音韻於各調，有細評如左：

『大凡聲音各應於律呂，分於六宮十一調，共計十七宮調：

·国故学大纲·
梁溪图书馆
一九二六年版

唱

仙呂宮　清新綿邈，
南呂宮　感嘆傷悲，
中呂宮　高下閃賺，
黃鐘宮　富貴纏綿，
正　宮　惆悵雄壯，
道　宮　飄逸清幽，
大石調　風流醞藉，
小石調　旖旎嫵媚，
高平調　條拘滉漾，
般涉調　拾掇坑塹，
歇指調　急併虛歇，

商角調　悲傷婉轉，
雙　調　健捷激裊，
商　調　悽愴怨慕，
角　調　嗚咽悠揚，
宮　調　典雅沈重，
越　調　淘寫冷笑。」

欽定曲譜列北曲十二調，南曲十三調，如左；

北曲十二曲		南曲十三調	
黃鍾宮	二十四曲	仙呂宮	九十二曲
正　宮	二十五曲	羽　調	九曲
大石調	二十一曲	正　宮	六十四曲

·国故学大纲·
梁溪图书馆
一九二六年版

小石調	五曲
仙呂宮	四十一曲
中呂宮	三十二曲
南呂宮	二十一曲
雙調	百曲
越調	三十五曲
商調	十六曲
商角調	六曲
般涉調	八曲

大石調	十八曲
中呂宮	七十四曲
般涉調	一曲
南呂宮	百十七曲
黃鍾宮	五十二曲
越調	五十七曲
商調	六十四曲
小石調	一曲
雙調	三十九曲
仙呂入雙調	九十一曲

王弇州藝苑卮言比較南北曲之聲調，謂：「凡曲北字多而調促，促處見

筋，南字少而調緩，緩處見眼。北則辭情多而聲情少；南則辭情少而聲情多。北力在弦，南力在板；北宜和歌，南宜獨奏；南氣易粗，北氣易弱：此吾論曲三昧之語。』臧晉叔駁之曰：

『予嘗見王元美藝苑巵言之論曲，有曰：北曲字多而聲調緩，其筋在弦；南曲字多而聲調繁，其力在板。夫北之被弦索，猶南之合簫管，擢藏掩抑，頗足動人，而音亦嫋嫋，與之俱流，反使歌者不能自主，是曲之別調，非其正也。若板以節聲，則南北皆有力焉。如謂北筋在弦，亦謂南力在管，可乎？惜乎元美之未知曲也。』

（三）體製上之不同：

（A）齣數無限制——南曲之齣數與北曲之折相當。北曲限於四折，南曲則齣數無限制。且每齣必題名。

·国故学大纲·
梁溪图书馆
一九二六年版

（B、）每齣不限一韻，又可換韻。

（C、）破元曲一人獨唱之例——毛西河詞說云：『至元末明初，改北曲爲南曲，則雜色人皆唱，不分賓主。』

（D、）楔子之廢除——北曲有楔子，南曲則除去之。惟第一齣，稱開場或稱家門，申說一篇之大意。

（E、）題目正名改爲下場詩。

（四）脚色上之不同——北曲分正末，正旦，外，淨，付末，旦，倈，副旦，爲七。（女裝者曰花旦）南曲則分生，旦，外，老旦，淨，丑，末，貼旦八色。後世更加以「小生」，「副淨」，合爲十。

後起之南曲，有邱瓊山之五倫全備記，鄭虛舟之玉玦記，張伯起之紅拂記，王弇州之鳴鳳記，屠長卿之綵毫記，梁伯龍之浣沙記，梅禹金之玉盒記，其爲有明一代之戲曲作者，則有湯臨川之玉茗堂四夢：紫釵記，還魂記，南柯記，邯鄲記。其後則有阮大鋮之春燈謎，燕子箋。至清代則有洪昇之長生殿，孔尙任之桃花扇，李笠翁之十種曲，蔣藏園之紅雪樓九種曲。

南曲中之佳作，前推琵琶記後推還魂記，茲引以爲南曲之例。琵琶記之體例如左：

第一齣	副末開場	第二齣	高堂稱慶
第三齣	牛氏規奴	第四齣	蔡公逼試
第五齣	南浦囑別	第六齣	丞相敎公
第七齣	才俊登程	第八齣	文場選士
第九齣	臨粧感嘆	第十齣	春宴杏園
第十一齣	蔡母嗟兒	第十二齣	奉旨招婿

國故學大綱

第十三齣　官媒議婚　　第十四齣　激怒當朝
第十五齣　金閨愁配　　第十六齣　丹陛陳情
第十七齣　義倉賑濟　　第十八齣　再報佳期
第十九齣　強就鸞鳳　　第二十齣　勉食姑嫜
第二十一齣　糟糠自厭　　第二十二齣　琴訴荷池
第二十三齣　代嘗湯藥　　第二十四齣　宦邸憂思
第二十五齣　祝髮買葬　　第二十六齣　拐兒紿誤
第二十七齣　感格墳成　　第二十八齣　中秋賞月
第二十九齣　乞丐尋夫　　第三十齣　　瞷問哀情
第三十一齣　幾言諫父　　第三十二齣　路途勞頓
第三十三齣　聽女迎親　　第三十四齣　寺中遺像

第三十五齣　兩賢相遘　　第三十六齣　孝婦題眞
第三十七齣　書館悲逢　　第三十八齣　張公遇使
第三十九齣　散髮歸林　　第四十齣　李旺囘話
第四十一齣　風木餘恨　　第四十二齣　一門旌奬

登場人物：

生　蔡生　　旦　趙五娘
外　蔡公牛太師　　貼旦　牛氏
淨　蔡母　　丑　李旺　惜春
末　張太公　　副末　開場

琵琶記之始末，略見於第一齣副末開場：

（問內科）且問梨園子弟，今日敷演誰家故事？那本傳奇？（內應科）三不從琵琶記。

(副云)元來是這本傳奇,待小子略道幾句家門,便見戲文大意。

(中呂慢詞)(沁園春)趙女姿容,蔡邕文業,兩月夫妻。奈朝廷黃榜,徧招賢士;高堂嚴命,強赴春闈。一舉鰲頭,再婚牛氏,利綰名牽竟不歸。饑荒歲,雙親俱喪,此際實堪悲,堪悲!趙女支持,剪下香雲送舅姑,把麻裙包土,築成墳墓。琵琶寫怨,逕往京畿。孝矣伯喈,賢哉牛氏,書館相逢最慘悽。重廬墓一夫一婦,旌表門閭。」

琵琶記之曲文,自昔皆以如神來之筆。如南浦囑別之:

「仙呂引子(鷓鴣天)(生)萬里關山萬里愁!(旦)一般心事一般愁!(生)桑榆暮景應難保,客館風光怎久留?(生下)(旦)他那裏漫凝眸,正是馬行十步九回頭!歸家只恐傷親意,閣淚汪汪不敢流!

·国故学大纲·
梁溪图书馆
一九二六年版

纔斟別酒淚先流，　郎上孤舟妾倚樓；
片帆漸遠皆回首，　一種相思兩處愁！」

其寫別情依依，可與西廂哭宴名句「四圍山色中，一鞭殘照裏」相敵。調中最警策之處推喫糖一節：

「（商調過曲）（山坡羊）（旦）亂荒荒不豐稔的年歲，遠迢迢不回來的夫婿，急煎煎不耐煩的二親，軟怯怯不濟事的孤身已，衣盡典，寸絲不掛體！幾番拚死了奴身已，爭奈沒主，公婆誰看取？思之，虛飄飄，命怎期？難捱，實丕丕，災共危！

（旦）奴家早上安排些飯與公婆喫，豈不欲買些鮭菜，爭奈無錢去買！誰想婆婆抵死埋怨，只道奴家背地自喫了甚麽東西，咳！不知奴家喫的是米膜糠粃；又不敢教他知道。便使他埋怨殺了我，也不敢分說。眞箇好苦也！

（前腔）（旦）酸溜溜難窮盡的珠淚！亂紛紛難寬解的愁結！骨崖崖難扶持的病身！戰兢兢難捱過的時和歲！這糠，我待不喫他呵，教奴怎忍饑？待吃他呵，教奴怎生喫？思量起來不若奴先死，圖得不知他親死時！思之虛飄飄，命怎期？難捱，實丕丕，災共危！

（旦喫糠嘔吐介）

〔（雙調過曲）（孝順兒）（旦）嘔得我肝腸痛，珠淚垂，喉嚨尙兀自牢嗄住！糠呵，你遭礱被舂杵，篩你，簸揚你，喫盡控持；好似奴家身狼狽，千辛萬苦皆經歷。苦人喫著苦味，兩苦相遭，可知道欲吞不去？

（前腔）（旦）糠和米，本是同倚依，卻遭簸揚作兩處飛，一賤與一貴；好似奴家與夫婿，終無見期。丈夫便是米呵！米在他鄉沒處尋。奴家便是糠呵，怎地

·国故学大纲·
梁溪图书馆
一九二六年版

把糠來救得人饑餒！好似兒夫出去，怎地教奴供養得公婆甘旨！

（前腔）（旦）思量我生無益，便死不值甚的，倒不如忍饑死了爲怨鬼！只是公婆老年紀，靠奴家共依倚，只得苟活片時！片時苟活雖容易，到底日久也難相聚！漫把糠來相比，這糠尚有人喫，奴的骨頭，知他埋在何處？

（外扮蔡公淨扮蔡母潛上）媳婦，你在這裏喫甚麽？（旦）奴家不曾喫甚麽？（淨）搜看（介）這是什麽東西？（旦）呀！婆婆，這東西你喫不得的！

（前腔）（旦）這是穀中膜，米外皮。（外）這是糠，你要他做什麽？（旦）將來饆饠堪療饑。（淨）這糠只好喂豬狗，如何自喫？（旦）嘗聞古賢書：狗彘食人食，那糠雖不中喫，也強如草根樹皮。（外淨）這樣苦澁的東西，怕不咽壞了你！（旦）齧雪呑氈，蘇卿猶健；餐松食柏，倒做得神仙侶。這糠呵，縱然喫些何慮？（淨）媳婦，我只不信這糠粃，你如何便喫得下。（旦）咳！爹媽休疑，奴須是你孩兒的糟糠妻室！

（外淨哭介）媳婦，你原來背地裏如此受苦我卻錯埋怨了你！兀的不痛殺我也！』

先哲評論琵琶，多取以與西廂並論，胡元瑞謂：『西廂主韻度風神，太白之詩也；琵琶主名理倫教，少陵之作也。』陳眉公謂「西廂琵琶，譬之畫圖：西廂是一幅著色牡丹，琵琶是一幅水墨梅花；西廂是一幅艷粧美人，琵琶是一幅白衣大士。』湯臨川謂：『西廂記都在性情上著工夫，並不以詞調巧倩見長。』毛聲山謂：『西廂之情，則佳人才子，花前月下，私期密約之情也；琵琶之情，則孝子賢妻，敦倫重誼，纏綿悱惻之情也。』

牡丹亭還魂記湯顯祖所撰。顯祖字若士，又字義仍，臨川人，通稱湯臨川。

其所著玉茗堂四夢以還魂記爲最。還魂記力寫愛情，爲其特識。靜志居詩話云：『義仍塡詞，妙絕一時，語雖斬新，源亦出於關，馬，鄭，白，其牡丹亭曲本尤眞動人。人或勸之講學，答曰：諸公所講者性，僕所言者情也。』

還魂記全篇五十五齣，目次及人物如左：

第一齣 標目	第二齣 言懷	第三齣 訓女
第四齣 腐歎	第五齣 延師	第六齣 悵眺
第七齣 閨塾	第八齣 勸農	第九齣 肅苑
第十齣 驚夢	第十一齣 慈戒	第十二齣 尋夢
第十三齣 訣謁	第十四齣 寫眞	第十五齣 虜諜
第十六齣 詰病	第十七齣 道覡	第十八齣 診祟
第十九齣 牝賊	第二十齣 悼殤	第二十一齣 謁遇

第二十二齣 旅寄 第二十三齣 冥判 第二十四齣 拾畫
第二十五齣 憶女 第二十六齣 玩眞 第二十七齣 魂遊
第二十八齣 幽媾 第二十九齣 旁疑 第三十齣 懽撓
第三十一齣 繕備 第三十二齣 冥誓 第三十三齣 祕議
第三十四齣 詗藥 第三十五齣 回生 第三十六齣 婚走
第三十七齣 駭變 第三十八齣 淮警 第三十九齣 如杭
第四十齣 僕偵 第四十一齣 耽試 第四十二齣 移鎭
第四十三齣 禦淮 第四十四齣 急難 第四十五齣 寇間
第四十六齣 折寇 第四十七齣 圍釋 第四十八齣 遇母
第四十九齣 淮泊 第五十齣 鬧宴 第五十一齣 榜下
第五十二齣 索元 第五十三齣 硬拷 第五十四齣 聞喜

·国故学大纲·
梁溪图书馆
一九二六年版

第五十五齣　圓駕

登場人物

生　柳夢梅　　旦　杜麗娘
外　杜公　　老旦　杜母
末　陳最良　　貼旦　春香
丑　韓子才　　淨　番王　道姑

還魂記中之佳曲，推驚夢一段：

『（遶地遊）（旦上）夢回鶯轉，亂煞年光徧，人立小庭深院。（貼）炷盡沉煙，拋殘繡線，恁今春關情似去年。（烏夜啼）（旦）曉來望斷梅關，宿粧殘。（貼）你側著宜春髻子，恰憑闌。（旦）剪不斷，理還亂，悶無端！（貼）分付催花鶯燕借春看。（旦）春香，可曾叫人掃除花徑？（

·国故学大纲·
梁溪图书馆
一九二六年版

貼）分付了。（旦）取鏡臺衣服來。（貼取鏡臺衣服上）雲髻罷梳還對鏡，羅衣欲換更添香。鏡臺衣服在此。

（步步嬌）（旦）裊晴絲吹來閒庭院，搖漾春如線。停半晌，整花鈿，沒揣菱花，偸人半面，迤逗的彩雲偏。（行介）步香閨，怎便把全身現！（貼）今日穿插的好。

（醉扶歸）（旦）儞道翠生生出落的裙衫兒茜，艷晶晶花簪八寶塡。可知我常一生兒愛好是天然，恰三春好處無人見。不提防沈魚落雁鳥驚諠，則怕的羞花閉月花愁顫。（貼）早茶時了，請行。（行介）儞看畫廊金粉半零星，池館蒼苔一片靑，踏草怕泥新繡襪，惜花疼煞小金鈴。（旦）不到園林，怎知春色如許？

（皂羅袍）原來姹紫嫣紅開徧，似這般都付與斷井頹垣，良辰美景奈何天，賞心樂事誰家院！恁般景致，我老爺和奶奶，再不提起。（合）朝飛暮捲，雲霞翠軒，雨絲風片，煙波畫船，錦屏人忒看的這韶光賤。（貼）是，花都放了，那牡丹還早。

（好姐姐）（旦）徧青山啼紅了杜鵑，荼蘼外煙絲醉軟。春香呵！牡丹雖好，他春歸，怎占的先？（貼）成對兒鶯燕呵！（合）間凝眸生生燕語明如翦，嚦嚦鶯歌溜的圓。（旦）去罷！（貼）這園子委是觀之不足也。（旦）提他怎的？（行介）

（隔尾）觀之不足他繾，便賞徧了十二亭臺是枉然！到不如興盡回家間過遣。』

北曲至明代已衰。南曲至明中葉變而爲崑曲。雨村曲話述歌曲之沿革云：

·国故学大纲·
梁溪图书馆
一九二六年版

『北曲不諧於南，而始有南曲。南曲則大備於明。明時雖有南曲，祇用絃索官腔。至嘉隆間，崑山有魏良輔者，乃漸改舊習，始備衆樂器而劇場大成，至今遵之。所謂南曲，卽崑曲也。』

崑曲至清乾隆時，變而爲四大徽班。崑曲遂衰。徽調而後，於南則有二黃，產於黃岡黃坡兩縣。於北則有梆子，產於山陝。二黃之調緩，以胡琴爲主。梆子之調急，以梆子爲主。二黃圓穩，宜於文戲。梆子豪壯，宜於武戲。其扮演之角色如左：

生，外，末，小生……男

旦，老旦，花旦……女

淨，副淨，丑，……花臉（男女均可）

戲曲之進步，至南北曲而曲之結構已完成，至崑曲而戲之搬演已周密。

崑曲之支流則有徽班二黃梆子等調。南北曲之支流則有北方流行之小曲。小曲之歷史，自明初至今，近五六百年。與崑曲同盛於乾隆時。今尚盛行於直隸山東諸地。小曲可分爲四類：一、雜曲，二、雜調，三、西調，四、岔曲。

甲、雜曲——南北曲由結構上可分爲二支：一雜劇與傳奇，一小令與散套。「雜劇」與「傳奇」之歌法，由絃索的北詞而南戲而海鹽腔而弋陽腔而崑山之水磨調，中經如許變遷，格式則無變化。「小令」與「散套」則以歌法不合時俗，格式遂生改變。雜曲與南北曲之分離，約在明初。明代之雜曲如下：

山坡羊，數落山坡羊，瑣南枝，傍妝台，耍孩兒，乾荷葉，駐雲飛，羅江怨，寄生草，哭皇天，桂枝兒，——淵源於南北曲

泥捏人，鞋打卦，熬鬏髻，粉紅蓮，鬧五更，桐城歌，銀絞絲，打棗乾，玉娥郎

——創作

清代之雜曲如下：

出於北曲者——油葫蘆，寄生草，哭皇天，乾荷葉，朝天子，鴈兒落，折桂令，治美酒，清江引。

出於南曲者——桂枝香，傍妝台，滿江紅，挂眞兒，一江風，繡帶兒，羅江怨，懶畫眉，水仙子，太平歌，好事近，駐雲飛，耍孩兒，越恁好，千秋歲，醉太平，孝順歌，瑣南枝，江兒水，倒拖船。

創作者——永清歌，進獻詞，萬壽祝，吉祥草，祝壽歌，壽鄉詞，萬年歌，北疊落金錢，南疊落金錢，疊落金錢尾，剪靛花，滿州剪靛花，剪靛花尾，重重續重重續尾，劈破玉，雙劈破玉，倒搬槳，疊字犯南鑼兒，螺螄轉，疊斷橋，楊州歌，王大娘，兩句半，九連環，帶都魯林梢月。

·国故学大纲·
梁溪图书馆
一九二六年版

明代雜曲之盛衰，可於沈德符之野獲編見之：『元人小令行於燕趙，後浸淫日盛。自宣正至化治後，中原又行瑣南枝，傍妝台，山坡羊之屬，今所傳泥涅人及鞋打卦熬鬏髻三闋，故不虛也。自茲以後，又有耍孩兒，駐雲飛，醉太平諸曲，然不如三曲之盛。嘉隆間乃興鬧五更，寄生草，羅江怨，哭皇天，乾荷葉，粉紅蓮，桐城歌，銀絞絲之屬，自兩淮以至江南，漸與詞曲相遠。比年以來，又有打棗乾，挂枝兒二曲，其腔調約略相似，則不問南北，不問男女，不問老幼良賤，人人習之，亦人人喜聽之，以至刋布成帙，舉世傳誦，沁人心腑，其譜不知從何來，眞可駭歎！又有山坡羊者，今南北詞俱有此名；但北方惟盛愛數落山坡羊，其曲自宣大遼東三鎭傳來，今京師妓女慣以充絃索北調』。他此則明代玉熙宮之玉娥郎曲流傳民間，稱四景玉娥郎；至清代同光間尚有存者。至明代盛行之乾荷葉，哭皇天，桐城歌，鞋打卦泥揑人及熬鬏髻則至清而絕。鬧五更則蛻化爲南北流行之五更調，銀絞絲則混入劇本而爲探親相罵。寄生草則盛行於乾隆時，變調有六七種，作品佔霓裳續譜之半。

雜曲之格式，多有一定；間亦有完全解放者。如寄生草則同於北曲：

「多丰韻，忒稔色。怎時相見教人害，霎時不見教人怪，些兒得見教人愛。今宵同會碧紗厨，何時重解香羅帶？——北西廂記。

心腹事兒常常夢。醒後的淒涼更自不聞，欲待成夢，——難成夢。恨那薄倖的郎；你若在時，又何必夢！我將這箇窗戶洞兒，一箇，——一箇，——一箇遮住，莫教那月兒照明。歎氣入羅幃，似這等煨不暖的紅綾，可怎不教人心酸痛！偏與那不做美的風兒，吹的簷前鐵馬兒動。——雜曲。

桃葉，桃葉兒心改變。杏葉，杏葉兒想團圓。竹葉兒尖，相思害的實可難。藤

·国故学大纲·
梁溪图书馆
一九二六年版

葉兒牽牽連連割不斷，茶葉兒淸香，流落在外邊。荷葉兒說：藕斷—藕斷絲不斷，斷斷藕絲不斷—雜曲，

欲寫情書我可不識字。煩箇人兒—使不的。無奈何畫幾箇圈兒爲表記；此封書爲有情人知此意：單圈是奴家，雙圈是你；訴不盡的苦，一溜圈兒圈下去；一溜圈兒圈下去。—雜曲。

如南疊落金錢則自創一格：

『金風颯颯送新涼，金風颯颯送新涼；梧桐葉落，柳將黃。秋來，呀！園林到處淒—淒涼。況庭院無人月滿窗，庭院無人月滿窗；夜深閉戶，寶篆細焚香。空幃內，影兒與我相—相倚傍。香閨寂寞漏偏長，香閨寂寞漏偏長；托腮無語對銀缸，重疊疊情絲兒只在我心—心頭上。斜倚枕憶蕭郎，斜倚枕憶蕭郎，去後音書無半行；誰憐你，蕭條客館，無限悲—悲秋狀？』

乙、雜調—雜調之得名，多由於彼之發源地，如：

湖廣調—產生於湖廣行省。

隸津調—利津縣所產。利津今屬山東之濟南道。

獨柳調—產行於直隸靜海縣獨流鎮。

河南調—產生於河南。

邊關調—產生於直隸山西長城坿近。

北河調—未詳

灘黃調—吳縣一帶流行

黃瀝調—未詳

單黃瀝調—未詳

雙黃瀝調—未詳

·国故学大纲·
梁溪图书馆
一九二六年版

黃瀝調尾——未詳

盤香調——未詳

馬頭調——未詳

靠山調——未詳

各調起於何時？已無可攷。乾隆時，黃瀝調較爲盛行。道光時，則馬頭調繼之。京塵雜錄有云：『京城極重馬頭調，遊俠子弟必習之，硜硜然，斷斷然，幾與南北曲同。』繼之則有靠山調。雜調不如雜曲之有規則。惟黃瀝調有一定之格式如左：

『熨斗兒，熨不開滿面愁。快刀兒，割不斷心長意長。算盤兒，打不開悶想愁賬。鑰匙開不開我眉頭鎖。汗巾兒，止不住我淚兩行。

半推窗半掩窗凭闌懸望。半是思郎，半是恨郎，意惹情傷。半如痴，半如醉。

淒涼情況。半邊衾枕半邊冷，半點音書無半行。

小伴讀，女中郎，陪小姐朝朝隨傍。對菱花打扮，異樣端莊；烏雲巧挽，帕弩玉簪，蟠龍形象。梳洗已畢往外走，去見先生陳最良。』

丙、西調—西調非詞非曲，震鈞天咫偶聞云：『舊日鼓辭有所謂子弟書者，始創於八旗子弟，其詞雅馴，其聲和緩，有東城調西城調之分。西調尤緩而低，一韻縈紆良久。此等藝內城士大夫多擅場；而瞽人其次也。今已頓絕。』西調蓋起於明代，乾隆時大盛。霓裳續譜中有二百闋左右。今則已成「廣陵散」矣。

西調蓋有左列之三式：

(一)展花箋，寫情書，高一聲，長歎。心非慟，淚淋淋，左一行不乾，右一行不乾。阻隔在地北天南，紙筆上難傳，癡心一片，苦心一片。欲待要萬語千

·国故学大纲·
梁溪图书馆
一九二六年版

言，—又怕你心酸，我更心酸。倘若是草草完篇，—又辜負你盼想一番，指望一番。心腹事欲說—又難。不說—更又難。會佳期，不在今年，定在來年，定在來年。千里心懸，縱有書信見面，不如人見面，不如人見面。

書離懷，寄情詞，思一行征雁，無一行征雁。腰肢瘦，不勝衣，怯一種春寒，捱一種春寒。人去，幾時還？只落得一聲長歎，一聲短歎。猛想起幽歡，敘一段牽連，寫一段牽連。情寂寂，垂首無言；顰一寸眉尖，蹙一寸眉尖。惜春去凭一回畫闌，倚一回畫闌。待月來，捲一半珠簾，—放一半珠簾。眼望將穿，等一日信斷，盼一日信斷—盼一日信斷。

染霜毫，題恨詞，濃一行墨色，淡一行墨色。攢錦字，砌迴文，識一段離懷，思一段離懷。別去人在天涯，你遺下一番恩在，一番情在。彩雲深，夢斷陽臺；盼一紙書來，無一紙書來。翠陰陰，竹護庭階，緊一陣風篩，慢一陣風篩。宕芳塵，步一回蒼苔立一回蒼苔。凭畫闌兜一隻繡鞋，撒一隻繡鞋，——撒一隻繡鞋。愁悶滿懷，緊一股羅帶，鬆一股羅帶，——鬆一股羅帶。

（2）熱撲撲的情合意生，擦阻隔離，懇切切的書信兒無人寄。悶懨懨懷，由不得我狐疑。癡獃獃的癡心盼想着歸期。眉蹙蹙把頭低，淚盈盈濕透衣，——淚盈盈濕透衣，痛哀哀委曲煞我，誰憐恤——痛哀哀委曲煞我，誰憐恤？

怕春去，——春偏去，恨秋來，——秋又來。春花，秋月今何在？嬌豔豔花兒雨打風催，明朗朗月兒霧鎖雲埋；花落滿庭階，璧月久未開，——璧月久未開。這都是傷春惹下悲秋債，——傷春惹下悲秋債！

玉連環驚兩斷，半沉滄海，半懸天。我二人好似辰鈎把月兒盼；美佳期怎得週全！好姻緣不得轂團圓；縱團圓，不能長遠。見一番，別一番，病兒只有增添，—病兒只有增添。愁對菱花，芳容消瘦了多一半，—芳容消瘦了多一半。

（3）因他消瘦，征鴻幾度書未修。離愁，想思病怕黃昏後。春山翠黛銷，秋波淚暗流。思憂。重門扣，夜雨收；冰肌損，不耐秋。一陣陣西風吹來，暗數更籌。巫山夢裏求。只落得，鴛鴦錦帳冷，芙蓉繡枕幽。盼一紙書回，平安字望斷雙眸，平安字望斷雙眸。懶上妝樓，淚珠滴透衣衫袖，—淚珠滴透衣衫袖。

芳魂逐飛燕，幾度登樓望雲山。聽啼鵑，鳥聲惹得添哀怨。綠映堦前樹，紅消鏡裏顏。可憐！愁默默，恨綿綿。蜂遊戲，紛蝶翻。一番一番，虛度芳年，瘦臉淚常懸。怎禁得，孤燈下，剩枕邊，總有那知情密語，好夢難傳，—好夢難傳。愁腸萬轉，這人多半生爻變！—這人多半生爻變！

·国故学大纲·
梁溪图书馆
一九二六年版

丁、岔曲——岔曲，有謂出於清初軍中之凱歌。有謂「岔」即「煞」之誤寫，與南北曲有關。難以確定。

曲中如慢岔，數岔，西岔，起字岔及垛字岔，均無定式。平岔中間有定式者如左：

我好似蜻蜓。我好似柳容。我好似一彎新月被雲蒙。我好似楊花西復東。我似水面上的浮萍無倚靠。我好似簷前鐵馬兒動。我好似半明不滅一盞孤燈。

月滿闌干，款步進花園。慢閃秋波四下下裏觀，觀不盡敗葉飛空百花殘。猛聽得天邊孤雁聲嘹喨。霎時間月被雲遮，光明不得見；似這等人兒不能周全，那月兒怎得圓！

秋雨聲，那芭蕉葉兒鳴，昏昏，慘慘；案上的燈，好教我翻來覆去睡不寧。好雞熬的淒涼夜！聽不見的誰、樓上把鐘—鐘聲送，偏偏那報曉的金雞兒不打鳴.

·国故学大纲·

梁溪图书馆

一九二六年版

第十章 文學（四）——平民文學（下）

太古草昧之世，神話與傳說已產生於民衆之間。故溯小說之源，上可至有文字以前；至遲亦可上溯春秋戰國諸子時代。魯迅之中國小說史略，上述莊列以及山海經神異經之流，中述六朝之鬼神志怪書，以及世說新語之流，蓋溯流以求之也。愚以爲唐以前，僅有類似小說之作品，未可目之爲小說。其略具小說之規模，蓋自唐代之傳奇文始。洪容齋云：『唐人小說，不可不熟，小小情事，悽惋欲絕，洵有神遇而不自知者，與詩律可稱一代之奇！』

唐人小說，雖未從事於搜奇記逸，然記述宛轉，文辭華豔，與六朝之粗陳梗概者較，演進之迹甚明，而尤顯者乃在是時之始有意爲小說。胡應麟云：「變異之談，盛於六朝，然多是傳錄舛訛，未必盡幻設語；至唐人乃作意好奇，假小說以寄筆端」此類文字當時或爲叢集，或爲單篇，大率篇幅曼長，記敍委曲，時亦近於詼諧，故論者每訾其卑下，貶之曰傳奇，以別於韓柳輩之高文。世間則甚風行，元明人多本其事以作雜劇式傳奇，影響遂及於曲」

傳奇小說可分之爲四類：

（一）別傳——史外逸聞

李衞公別傳，李林甫外傳，東城老父傳，高力士傳，梅妃傳，長恨歌傳。

（二）劍俠——俠男女之武勇談

虬髯客傳，紅線傳，劉無雙傳。

（三）艷情——佳人才士之艷事

霍小玉傳，李娃傳，章台柳傳，會眞記，遊仙窟。

·国故学大纲·
梁溪图书馆
一九二六年版

（四）神怪——神仙道釋妖怪談

柳毅傳，杜子春傳，南柯太守傳，枕中記，非烟傳，離魂記．

A、別傳

東城老父傳
長恨歌傳 ——唐，陳鴻撰

陳鴻少學爲史，貞元二十一年登太常第．在長安時，嘗與白居易爲友，爲長恨歌作傳，追述開元中楊妃入宮以至死蜀本末，法與賈昌傳相類．即元白仁甫梧桐雨，明屠長卿綵毫記，吳世美驚鴻記，清洪昇長生殿傳奇之所本也．東城老父傳，記賈昌於兵火之後，憶念太平盛事，榮華零落，兩相比照，其語甚悲．

B、劍俠

·国故学大纲·
梁溪图书馆
一九二六年版

紅線傳—楊巨源作

無雙傳—薛調作

虬髯客傳—杜光庭作

紅線傳原出於甘澤謠中，太平廣記曾錄之。紅線乃潞州節度使薛嵩之靑衣。魏博節度使田承嗣圖吞倂潞州，嵩憂之。紅線乃請爲探其虛實。一更去，久而未返。嵩忽聞曉角吟風，一葉墮露，驚而起問，則紅線返矣。取床頭金合爲信。嵩乃遣使者還金合於承嗣；承嗣驚懼，遂修好於嵩。事後，紅線請別。嵩乃夜張宴大集賓客爲紅線餞別。客有作歌者，曰：「還似洛妃乘霧去，碧天無際水空流。」歌竟，嵩不勝其悲。紅線拜，且泣，因僞醉離席，遂亡所在。

無雙傳爲薛調所撰。敍劉無雙許配於王仙客，後兵亂相失。仙客間舊僕塞鴻，始知無雙已召入後宮，悲痛欲絕。因訪俠士古押衙訴說其事。古生別去，年年無消息。一日，喧傳守園陵之宮女死，仙客赴視之，乃無雙，於是號哭不已。夜半，古生忽抱無雙屍身至，灌以藥，得復生。於是二人逃去。古生殺塞鴻並自殺以滅口。

虬髯客傳，杜光庭所撰。光庭，唐末，蜀中道士，事王衍，所著甚多。以此作爲最盛。傳中敍李靖謁楊素，素身旁一執紅拂妓，夜之奔靖。二人途中遇虬髯客，意氣相得。虬髯客參李世民，謂中原有主，即推資產與靖，自亡海外。

C、艷情

霍小玉傳—蔣防撰

會眞記—元稹撰

霍小玉傳敍李益年二十擢進士第，入長安，思得名妓，乃遇霍小玉，寓於其家，相從者二年。其後生授鄭縣主簿，則堅約婚姻而別。及生覲母，始知已訂婚盧氏．母又素嚴，生不敢拒，遂與小玉絕．小玉久不得生音問，竟臥病，踪跡招益，益亦不敢往．一日，益在崇敬寺，忽有黃衫豪士強邀之至霍氏家；小玉力疾相見，數其負心，長慟而卒．益爲之縞素，旦夕哭泣甚哀．已而婚於盧氏，然爲怨鬼所祟，竟以猜忌出其妻，至於三娶，莫不如是．杜甫少年行有云：「黃衫年少宜來數，不見堂前東逝波，」謂此也．

會眞記者，卽敍崔張故事，亦名鶯鶯傳者也．略謂貞元中，有張生者，性貌溫美，非禮不動，年二十三未嘗近女色．時生遊於蒲，寓普救寺，適有崔氏孀婦將歸長安，過蒲，亦寓茲寺，緒其親則於張爲異派之臣母．會渾瑊薨，軍人因喪大擾蒲人，崔氏甚懼，而生與蒲將之黨有善，得將護之．十餘日後，廉使杜確來治軍，軍遂戢，崔氏由是甚感張生，因招醼，見其女鶯鶯，生惑焉，託崔之婢紅娘以春調二首通意，是夕得綵牋，題其篇曰明月三五夜，辭曰，「待月西廂下，迎

·国故学大纲·
梁溪图书馆
一九二六年版

風戶半開，隔牆花影動，疑是玉人來。」張生且駭。已而崔至，則端服嚴容，責其非禮，竟去。張自失者久之。數夕後，崔又至，將曉而去，終夕無一言。…… 張生辨色而興，自疑曰，「豈其夢耶？」及明，覩粧在臂，香在衣，淚光熒熒然猶瑩於茵席而已。是後又十餘日，杳不復知。張生賦會眞詩三十韻，未畢而紅娘適至，因授之，以貽崔氏，自是復容之，朝隱而出，暮隱而入，同安於曩所謂西廂者幾一月矣。張生常詰鄭氏之情，則曰，「我不可奈何矣。」因欲就成之。無何，張生將至長安，先以情諭之，崔氏宛然無難詞，然而愁怨之容動人矣。將行之夕，不可復見，而張生遂西下。…… 明年，文戰不利，張生遂止於京，貽書崔氏以廣其意，崔報之，而生發其書於所知，由是爲時人傳說。楊巨源爲賦崔娘詩，元稹亦續生會眞詩三十韻，張之友聞者皆聳異，而張志亦絕矣。元稹與張厚，問其說，張曰：

「大凡天之所命尤物也，不妖其身，必妖於人，彼崔氏子遇合富貴，乘嬌寵，不爲雲爲雨，則爲蛟爲螭，吾不知其變化矣。昔殷之辛，周之幽，據萬乘之國，其勢甚厚，然而一女子敗之，潰其衆，屠其身，至今爲天下僇笑，予之德不足以勝妖孽，是用忍情。」

後歲餘，崔已適人，張亦別娶，適過其所，請以外兄見，崔終不出，張怨念之誠，動於顏色，將行，賦詩一章以絕之云「棄置今何道，當時且自親，還將舊來意，憐取眼前人。」一時人多許張爲善補過者云。元稹以張生自寓，述其親歷之境，雖文章尚未上乘，而時有情致，固亦可觀。稹又早有詩名，後秉節鉞，故世人仍多樂道。宋趙德麟取其事作商調蝶戀花十闋，金則有董解元絃索西廂，元則有王實甫西廂記，關漢卿續西廂記，明則有李日華南西廂記，陸采南西廂記，其他曰竟，曰翻，曰後，曰續者尤繁。至今尚盛稱道其事。唐人傳奇留遺不少，

·国故学大纲·
梁溪图书馆
一九二六年版

而後來煊赫如是者，惟此篇及柳毅傳而已。

D、神怪

柳毅傳——李朝威作

南柯太守傳——李公佐作

柳毅傳記柳毅下第，將歸湘濱，道經涇陽，遇牧羊女子，言是龍女，爲舅姑及壻所貶，託毅寄書於父洞庭君。洞庭君有弟錢塘君，性剛暴，殺壻取女歸，欲以配毅，因毅嚴拒而止。後毅喪妻，從家金陵，娶范陽盧氏，則龍女也。又從南海復歸洞庭，其表弟薛嘏嘗遇之於湖中，得仙藥五十丸，此後遂絕影響。金人取其事爲雜劇，元尚仲賢則作柳毅傳書，翻案而爲張生煑海，淸李漁又折衷之而成蜃中樓。

南柯太守傳，言東平淳於棼家廣陵郡東十里，宅南有大槐一株，貞元

·国故学大纲·
梁溪图书馆
一九二六年版

七年九月因沈醉致疾，二友扶生歸家，令臥東廡下，而自秣馬濯足以候之。生就枕，昏然若夢，見二紫衣使稱奉王命相邀，出門登車，指古槐穴而去。使者驅車驅穴，忽見山門，終入一大城，城樓上有金書題曰「大槐安國」。生既至，拜駙馬，復出爲南柯太守，守郡三十載，風化廣被，百姓歌謠，建功德碑，立生祠宇，王甚重之，遞遷大位，生五男二女。後將兵與檀蘿國戰，敗績，公主又薨。生罷郡而威福日盛，王疑憚之，遂禁之遊泛處之私第；已而送歸，既醒，則見家之僮僕擁篲於庭，二客濯足於榻，斜日未隱於西垣，餘樽尚湛於東牖，夢中倏忽若度一世矣。其立意與夢中記同，而描摹更爲盡致。明湯顯祖亦本之作傳奇曰南柯記。

傳奇文至宋而衰，然其體仍爲後人所倣傚，後人用斯體而成專書者蓋衆，如：

太平廣記—宋李昉奉勅監修

夷堅志——宋洪邁選

剪燈新話—明瞿佑撰

剪燈餘話—明李禎撰

聊齋志異—清蒲松齡撰

觚賸——清鈕琇撰

虞初新志　清張潮撰

板橋雜記　清余懷撰

燕山外史　清陳球撰

太平廣記成於宋，而傳奇文亦衰於宋。然餘波所及，尚有史子正之楊太眞外傳，綠珠傳，及後人題以「唐韓渥撰」之開河記，迷樓記等。

·国故学大纲·
梁溪图书馆
一九二六年版

宋人平話小說之興，明郎瑛（七修類稿）謂「小說起宋仁宗，蓋時太平盛久，國家閑暇，日欲進一奇怪之事，以娛之，故小說得勝頭迴之後，卽云話說趙宋某年。」蓋平話小說，卽以俚語著書，本爲市井鬻伎者所演述者也。耐得翁古杭夢游錄謂「說話有四家。一曰小說，謂之銀字兒，如煙粉靈怪傳奇。說公案，皆是搏拳，提刀，趕棒及發跡變態之事。說鐵騎兒，謂士馬金鼓之事。說經，謂演說佛書，說參，謂參禪。說史，謂說前代興廢戰爭之事。」孟元老東京夢華錄嘗舉其目曰小說，曰合生，曰說諢話，曰說三分，曰說五代史。吳自牧夢粱錄謂有四科：「說話者，謂之舌辨，雖有四家數，各有門庭，且小說，名「銀字兒，」如烟粉靈怪傳奇公案撲刀扞棒發跡變態之事。……談論古今，如水之流。「談經」者，謂演說佛書。「說參講」者，謂賓主參禪悟道等事。……又有「說諢經」者。……「講史書」者，謂講說通鑑漢唐歷代書史文傳興廢戰爭之事，「

合生，」與起令隨令相似，各占一事也。」

宋人平話傳世最少。四庫全書總目雜史類存目平播始末條，言永樂大典有平話一門，所收至夥，皆優人以前代軼事敷衍成文而口說之。今大典已散佚；庚子拳匪之亂，翰林院火，大典燼餘，有以糊油簍及包裹食物者；其幸完者，多流入海外。吾輩今日所可見者，惟有五代史平話，通俗小說殘本，大唐三藏法師取經記及大宋宣和遺事四書。而後二書，據魯迅說則以為『張家為宋時臨安書舖，世因以為宋刊，然逮於元朝，張家或亦無恙，則此書（取經記）或為元人撰，未可知矣。』『大宋宣和遺事世多以為宋人作，而文中有呂省元宣和講事及南儒詠史詩，省元南儒皆元代語，則其書或出於元人，抑宋人舊本，而元時又有增益，皆不可知。口吻有大類宋人者，則以鈔撮舊籍而然，非著者之本語也。』

·国故学大纲·
梁溪图书馆
一九二六年版

五代史平話，於梁唐晉，漢周各分上下二卷。講史之一也。今所存者，梁史漢史已缺下卷，雖上卷尚存回目；而梁史已脫去數葉。其書梁唐晉漢周每代二卷，各以詩起，次入正文，又以詩終。惟梁史平話始於開闢，次敍歷代興亡之事，立論頗奇，而雜以誕妄之因果說。

京本通俗小說，今存卷十至十六，每卷一篇，曰碾玉觀音，曰菩薩蠻，曰西山一窟鬼，曰志誠張主管，曰拗相公，曰錯斬崔寧，曰馮玉梅團圓，每篇各具首尾，頃刻可了。其取材多在近時，或採之他說部；主在娛心而雜以懲勸。體製則什九先以閒話或他事，後乃綴合，以入正文。

大唐三藏法師取經記，分三卷十七章，今所見小說之分章目者始此；每章必有詩，故曰詩話。今本首章已闕，八章缺前段，次章則記玄奘等之遇猴行者。以下則述途中行事，有猴行者深沙神及諸異境。

大宋宣和遺事書分前後二集，始於稱述堯舜而終以高宗之定都臨安，案年演述。體裁甚似講史。惟節錄成書，未加融會，故先後文體，致爲參差，灼然可見。其剽取之書當有十種。前集先言歷代帝王荒淫之失，次述王安石變法之禍；更次述安石引蔡京入朝至童貫蔡攸巡邊；其四則爲梁山濼聚義本末；其五爲徽宗幸李師師家；其六，爲道士林靈素進用及其死葬之異；其七爲臘月預賞元宵及元宵看燈之盛，後集則始自金人來運糧以至京城陷爲第八；又自金兵入城，帝后北行受辱，以至高宗定都臨安爲第九第十。文體則首一爲語體，次二爲文言而雜之以詩。四、五六七則皆平話體。八、九十則仍爲文言。書中前半述徽宗盛時，微行金環巷幸李師師家一段，頗爲艷縟。後半敍二帝北狩一段，備極悽愴！

元明之間，由平話小說進而爲純文學的小說，乃平民文學上一大進化。

自元末至清末，五百年間小說之作品綦富。就其性質可區別之爲七：

A、講史小說—水滸，蕩平四大寇傳，後水滸傳，三國志演義，隋唐志傳。

B、神怪小說—四遊記，西遊記，封神傳。

C、人情小說—金瓶梅，玉嬌李，好逑傳，紅樓夢。

D、擬古小說—今古奇觀，聊齋志異。

E、諷刺小說—儒林外史，老殘遊記。

F、炫才小說—鏡花緣。

G、俠義小說—三俠五義，施公案。

A、講史小說

水滸—明施耐菴（？）撰。

·国故学大纲·
梁溪图书馆
一九二六年版

三國演義—明羅貫中（？）清毛宗崗撰

水滸後傳—清陳忱撰。

『水滸傳不是青天白日裏從半空中掉下來的，水滸傳乃是從南宋初年到明朝中葉這四百年的「梁山泊故事」的結晶。』（胡適水滸考證）

蓋水滸之本事爲史的演進，於宋史，於宣和遺事，於元曲，皆可窺其一斑。水滸傳之文學手段則爲創造的空前修而駕其上。

甲、宋史中之水滸本事：

『淮南盜宋江等犯淮陽軍，遣將討捕，又犯京東江北，入楚海州界。命知州張叔夜招降之。』——宋史二十二

『宋江寇京東，侯蒙上書言「江以三十六人橫行齊魏，官軍數萬無敢抗者，其才必過人。今清溪盜起，不若赦江，使討方臘以自贖。』——宋史

·国故学大纲·
梁溪图书馆
一九二六年版

三百五十二

「宋江起河朔，轉略十郡，官軍莫敢攖其鋒。」——宋史三百五十三

乙、宣和遺事（及其他）中之水滸本事：

（1）「楊志，李進義，林冲，王雄，花榮，柴進，張青，徐寧，李應，穆橫，關勝，孫立等十二個押送「花石綱」的制使，結義爲兄弟。後來楊志在潁州阻雪，缺少旅費，將一口寶刀出賣，遇著一個惡少，口角厮爭。楊志殺了那人，判決配衛州軍城。路上被李進義林冲等十一人救出去，同上太行山落草。

（2）北京留守梁師寶差縣尉馬安國押送十萬貫的金珠珍寶上京，爲蔡太師上壽，路上被晁蓋，吳加亮，劉唐，秦明，阮進，阮通，阮大七，燕青等八人用麻藥醉倒，搶去生日禮物。

（3）「生辰綱」的案子，因酒桶上有「酒海花家」的字樣，追究到晁蓋等八人。幸得鄆城縣押司宋江報信與晁蓋等，使他們連夜逃走。這八人連結了楊志等十二人，同上梁山泊落草爲寇。

（4）晁蓋感激宋江的恩義，使劉唐帶金錢去酬謝他。宋江把金錢交給娼妓閻婆惜收了，不料被閻婆惜得知來歷。那婦人本與吳偉往來，現在更不避宋江；宋江怒起，殺了他們，題反詩在壁上，出門跑了。

（5）官兵來捉宋江，宋江躲在九天玄女廟裏。官兵退後，香案上一聲響亮，忽有一本天書，上寫著三十六人姓名。這三十六人，除上文已見二十人之外，有杜千，張岑，索超，董平，都已先上梁山泊了；宋江又帶了朱仝，雷横，李逵，戴宗，李海，等人上山。那時晁蓋已死，吳加亮與李進義爲首領。宋江帶了天書上山。吳加亮等遂共推宋江爲首領。此外還有公孫勝，張順，武松，呼延綽，魯智深，史進，石秀等人共成三十六員。（宋江爲師，不在天書內。）

（6）宋江等既滿三十六人之數，「朝廷無其奈何，」只得出榜招安。後有張叔夜「招誘宋江和那三十六人歸順宋朝，各受武功大夫誥勑，分往諸路巡檢使去也；因此三路之寇悉得平定。後遣宋江收方臘，有功，封節度使。」　宣和遺事

「宋江事見於街談巷語，不足采著。雖有高如李嵩輩傳寫，士大夫亦不見黜；余年少時壯其人，欲存之畫贊，以未見信書載事實，不敢輕爲。及異時見東都事略載侍郎侯蒙傳，有書一篇，陳制賊之計云：「宋江以三十六人橫行河朔京東，官軍數萬無敢抗者；其材必有過人。不若赦過招降，使討方臘，以此自贖，或可平東南之亂。」余然後知江輩眞有聞於時者。

·国故学大纲·
梁溪图书馆
一九二六年版

……」（周密癸辛雜識續集上）

丙、元曲中之水滸本事

（一）『從元曲戲名裏，也就可以推知許多事實出來：第一，元人戲劇裏的李逵一定不是水滸傳裏的李逵。第二，元曲裏的燕青，也不是後來水滸傳的燕青。第三，水滸只有病關索楊雄，並沒有「病楊雄」的話。』

（二）『雙獻功裏的宋江說：「某姓宋名江字公明，綽號及時雨者是也。某聚三十六大夥，七十二小夥，半垓來嘍囉，寨名水滸，泊號梁山，縱橫河港一千條，四大方圓八百里。」』

（三）『李逵負荊裏的宋江自白有「杏黃旗上七箇字，替天行道救生民」的話。又王林也說：「你山上頭領都是替天行道的好漢。」』

（四）『燕青博魚裏，宋江自白與雙獻功大略相同，但有「人號順天呼保義」的話，又敍殺閻婆惜事也更詳細：有「因帶酒殺了閻婆惜，一腳踢翻燭台，延燒了官房」一事。又說「晁蓋三打祝家莊，中箭身亡。」

（五）「還牢末」裏，宋江自敍有「我平日度量寬洪，但有不得已的好漢，見了我時，便助他些錢物，因此天下人都叫我做及時雨宋公明」的話。」

（六）「爭報恩」裏宋江自敍詞：「只因誤殺閻婆惜，逃出鄆州城，佔下了八百里梁山泊，搭造起百十座水兵營，忠義堂高搠杏黃旗一面，上寫著「替天行道宋公明」，聚義的三十六箇英雄漢，那一箇不應天下惡魔星。」」——水滸攷證

水滸傳之作者，昔人皆以爲元之施耐菴。然耐菴何人？已莫能攷定；或者實無其人。胡適則以爲「「施耐菴」是明朝中葉一箇文學大家的假名。」蓋水滸中經多人之刪改，原本已無可改；今之所存者，又各本大有不同，或曰

羅貫中，或曰施耐庵，或曰施作羅編．或曰施作羅續．張冠李戴，難以攷定原著者之爲誰何氏矣？

水滸傳各本淵源，胡適氏列爲一表，可以供研究之參證：

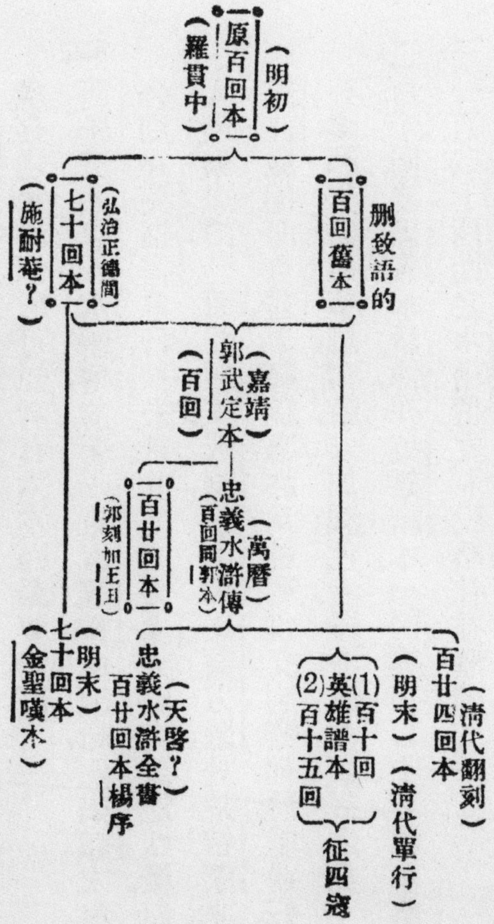

·国故学大纲·
梁溪图书馆
一九二六年版

現存之水滸傳所可知者有六本，而最要者四：

一、百十五回忠義水滸傳，前署「東原羅貫中編輯，明崇禎末與三國演義合刻爲英雄譜，單行本未見。其書始於洪太尉之誤走妖魔，而次以百八人漸聚山泊，已而受招安，破遼，平田虎王慶方臘，於是智深坐化於六和，宋江服毒而自盡，累顯靈應，終爲神明。惟文詞蹇拙，體制紛紜，中間詩歌，亦多鄙倍，甚似草創初就，未加潤色者，雖非原本，蓋近之矣。

二、百十回之忠義水滸傳，亦英雄譜本，「內容與百十五回本略同。」

三、一百二十四回之水滸傳，文詞脫略，往往難讀。

四、百回本忠義水滸傳，前署「錢塘施耐庵的本，羅貫中編次」，即明嘉靖時武定侯郭勳家所傳之本，前有汪太函序，託名天都外臣者。今未見。別有本亦一百回，有李贄序及批點，殆即出郭氏本，而改題爲「施耐庵集撰羅貫中纂修。」然今亦難得。惟日本尚有享保戊申翻刻之前十回及寶歷九年續翻之十一至二十回，亦始於誤走妖魔而繼以魯達林冲事迹，與百十五回本同。第五回於魯達有「直教名馳塞北三千里，證果江南第一州」之語，卽指六和坐化故事，則結束當亦無異，惟於文辭乃大有增删，幾乎改觀。

五、百二十本忠義水滸全書亦題「施耐庵集撰，羅貫中纂修。」與李贄序百回本同。首有楚人楊定見序，自云事李卓吾，因袁無涯之請而刻此傳；次發凡十條；次爲宣和遺事之梁山濼本末及百八人籍貫出身。全書自首至招安事略全同百十五回本，破遼小異，且少詩詞；平田虎王慶幷事略亦異，而收方臘又悉同。文詞與百回本幾無別，特於字句稍有更定，亦有李贄評，與百回本不同，而兩皆弇陋。

六七十回本水滸傳正傳七十回，楔子一回，實七十一回；有原序一篇，題「東安施耐庵撰，」爲金人瑞字聖歎所傳，自云得古本止七十回，於宋江受天書之後，卽以盧俊義全夥被縛於嵇叔夜終。而指招安以下爲羅貫中續成，斥曰「惡札。」其書與百二十回本之前七十回無異，惟刊去駢語特多，百廿回發凡有舊本去詩詞之繁累語，頗似聖歎眞得古本；然文中有因刪去詩詞，而語氣遂稍參差者，則所據殆仍是百回本耳。

自金聖歎之七十回本行世，三百年間流行已甚廣，依據金本，分析其內容如下：

第一段—第一至第十一回。 此段先寫八十萬禁軍教頭王進被高俅趕走。王進之後，接寫始終不肯落草，但終不能不上少華山去之史進。又寫魯達仗義救人，犯下死罪，被逼爲僧，再被逼爲盜。又寫林冲被高俅父子

·国故学大纲·
梁溪图书馆
一九二六年版

陷害，逼上梁山。林冲之後，接寫楊志。楊志於困窮時，未肯落草。後受官府寃屈，以窮極而出賣寶刀，以致犯罪受杖，迭配大名府。

第二段—第十二至第二十一回。此段寫「智取生辰綱」之始末。自雷橫捉劉唐起，寫七星聚義，寫智取生辰綱，寫楊志魯智深落草，寫宋江私放晁蓋，寫林冲大併梁山泊，寫劉唐送禮酬宋江，寫宋江怒殺閻婆惜，直寫至宋江投奔柴進避難，與武松結義。

第三段—第二十二回至第三十一回。此段全寫武松。自打虎起，寫殺嫂，寫打蔣門神，寫血濺鴛鴦樓，火燒蜈蚣嶺。

第四段—第三十一回到第三十四回。此段寫清風山清風寨對影山花榮秦明一干人上梁山泊。

第五段—第三十五回到第四十一回。此段寫宋江奔喪還家，迭配江州

·国故学大纲·
梁溪图书馆
一九二六年版

起，寫江州遇戴宗李逵，寫潯陽江宋江題反詩，寫梁山泊好漢大鬧江州，直寫至宋江玄女廟受天書。

第六段—第四十二回至第四十五回。　此段寫公孫勝下山迎母，引起李逵下山迎母，又引起戴宗下山尋公孫勝，路上引出楊雄石秀一段。

第七段—第四十六回至第四十九回。　此段寫宋江三打祝家莊。

第八段—第五十回至第五十三回。　寫雷橫朱仝柴進三人。

第九段—第五十四回至第五十八回。　此段先寫呼延灼征討梁山泊，次請出徐甯，次寫呼延灼兵敗後走青州，次寫五山好漢上梁山。

第十段—第五十九回至第七十回。　此段先寫晁蓋曾頭市身亡，次寫盧俊義一段，次寫關勝，次寫破大名府，次寫曾頭市報仇，次寫東平府收董平，東平府收張清，最後寫石碣天書作結。

全書於智勇兩者之描述，極其能事。如魯智深大鬧五台山吳用智取生辰綱，諸段皆能捭闔操縱，爲文學中之精英。

講史小說之作者又有羅本字貫中者，亦錢唐人，或云耐庵門人，或云名貫，或云越人，生洪武初；疑實生於元，至明初猶在。其所著小說尤夥，今存者有三國演義等。然其文詞已多改易，徒存貫中之名而已。

攷裴松之注三國志，援引雜書，頗有小說意味。三國志中之人物，又多虎虎有生氣，引後人之英雄崇拜。唐時市井，已有說三國故事者，迄宋而更盛。迄金元則院本雜劇中皆有演三國故事者。至明代乃產生演義體之小說。故胡適云「三國志演義不是一個人做的，乃是五百年的演義家的共同作品。」

初本之三國演義，淺陋可嗤。至清初毛宗崗刪改舊本，始成今本。其刪改之處，於其凡例中可攷見之：

A、修正文字—「俗本之乎者也等字，大半齟齬不通；又詞語冗長，每多複沓處．今悉依古本改正．」

B、增入故事—「如關公秉燭達旦，管寧割席分坐……今悉依古本存之．」

C、增入文章—「如孔融薦禰衡表，陳琳討曹操檄……今悉依古本增入．」

D、削去故事—「如諸葛亮欲燒魏延於上方谷，……之類，今皆削去．」

E、削去詩詞—「俗本往往揑造古人詩句，今悉依古本削去．」

F、辨正故事—「俗本記事多訛，今悉依古本辨定．」

三國演義全書百二十回，回分上下，得二百四十卷．起於漢靈帝中平之年，終於晉武帝太康元年，凡九十七年．其中敘事，「俚而無味．何者？事太實則

·国故学大纲·
梁溪图书馆
一九二六年版

近腐，可以悅里巷小兒，而不足爲士君子道也。』『至於寫人，亦頗有失，以致欲顯劉備之長厚而似僞，狀諸葛之多智而近妖。惟於關羽，特多好語，義勇之概，時時如見矣。』

水滸後傳四十卷，原稱「古宋遺民著，雁宕山樵評。」俞樾據沈登瀛南潯備志考定此書爲雁宕山樵陳忱所撰。『陳忱字遐心，號雁蕩山樵。讀書晦藏，以賣卜自給。究心經史，稗偏野乘，無不貫穿。生平著述並佚。惟後水滸一書，乃游戲之作，托宋遺民刊行。』

水滸後傳以燕靑爲中心，其立意在泄憤。著者自云：『後傳爲泄憤之書：憤宋江之忠義而見鴆於奸黨，故復聚餘人而救駕立功，開基創業；憤六賊之誤國，而加之以流貶誅戮；憤諸貴倖之全身遠害，而特表草野孤臣重圍冒險；憤官宦之嚼民飽壑，而故使其傾倒宦囊，倍償民利。』

·国故学大纲·
梁溪图书馆
一九二六年版

B、神怪小說

西遊記—明吳承恩撰

封神傳—不知名

前述宋人平話小說，曾提及大唐三藏取經詩話一書，此書卽西遊記之遠祖。西遊記以玄奘西行取經一事爲中心，而以小說體演述之。玄奘爲中國佛教之大功臣，二十六歲立志往印度求經，途中幾經無限困難。出遊十七年，歷五十餘國。慧立著之慈恩三藏法師傳記之甚詳：

「……出玉門關，……孑然孤遊沙漠矣。惟望骨聚馬糞等，漸進，頃間忽見有軍衆數百隊，滿沙磧間，乍行乍息，皆裘毼駝馬之像，及旌旗槊氈之所；易貌移質，倏忽千變，遙瞻極著，漸近而微。……見第一烽，恐候者見，乃隱伏沙溝，至夜方發。到烽西見水，下飲盥訖，欲取皮囊盛水，有一箭颯來，幾中於膝；須臾，更一箭來，知爲他見，乃大言曰，『我是僧，從京師來，汝莫射我』……從此已去，卽莫賀延磧，長八百餘里，古曰沙河。上無飛鳥，下無走獸，復無水草。是時顧影唯一，心但念觀音菩薩及般若心經。初法師在蜀，見一病人，身瘡臭穢，衣服破汚，愍將向寺，施與衣服飲食之直。病者慚愧，乃授法師此經，因常誦習。至沙河間，逢諸惡鬼，奇狀異類，遶人前後，雖念觀音，不得全去；卽誦此經，發聲皆散；在危獲濟，實所憑焉。行百餘里，失道，覓野馬泉，不得。下水欲飲，袋重，失手覆之。千里之資，一朝斯罄！……四顧茫然，人馬阻絕。夜則妖魑舉火，爛若繁星；晝則驚風擁沙，散如時雨。雖遇如是，心無所懼；但苦水盡，渴不能前。於是時，四夜五日，無一滴霑喉，口腹乾燋，幾無殞絕，不能復進，遂臥沙中，默念觀音，雖困不捨，啓菩薩曰，『玄奘此行，不求財利，無冀名譽，但爲無上道心正法來耳。仰惟菩薩慈念羣生，以救苦爲務。此爲苦矣，寧不知耶？』如是告時，心心無輟。至第五夜半，忽有涼風觸身，冷快如沐寒水，遂得目明，馬亦能起。體既穌息，得少睡眠；……驚寤進發，行可十里，馬忽異路制之不迴，經數里，忽見靑草數畝，下馬恣食。去草十步，欲迴轉，又到一池，水甘澄鏡澈。下而就飲，身命重全，人馬俱得穌息。……此等危難，百千不能備敍。……法師既被停留，違阻先念，遂誓不食，以感其心。於是端坐，水漿不涉于口三日。至第四日，王覺法師氣息漸惙，深生愧懼，乃稽首禮謝云：『任法師西行，乞垂早食。』法師恐其不實，要王指日爲言。王曰：『若須爾者，請共對佛更結因緣。』遂共入道場禮佛，對母張太妃共法師約爲兄弟，任師求法。……仍屈停一月，講仁王般若經，中間爲師營造行服。法師皆許，太妃甚歡，願與師長爲眷屬，代代相度。於是方食。……講訖，爲法師度四沙彌，以充結侍；結法服三十具；以西土多寒，又造面衣手衣靴韈等各數事，黃金一百兩，銀錢三萬，綾及絹等五百疋，充法師往還二十年所用之資。結

·国故学大纲·
梁溪图书馆
一九二六年版

馬三十疋，手力二十五人，遣殿中侍御史歡信送至葉護可汗衙。又作二十四封書，通屈支等二十四國，每一封書附大綾一疋爲信，又以綾絹五百疋，果味兩車，獻葉護可汗，幷書稱『法師者是奴弟，欲求法於婆羅門國，願可汗憐師如憐奴，仍請敕以西諸國給鄔落馬遞送出境。』

玄奘求經之故事，乃極偉大之故事；上列記載，已滿紙「靈異」「神蹟」以此故事之神話化，與故事之傳播，等速展佈。宋人演爲平話小說，而後於金則有唐三藏院本，於元則有吳昌齡唐三藏西天取經。至楊志和之西遊記出，規模乃粗定。最後乃有吳承恩之西遊記。楊志和西遊記，四卷四十回，題「齊雲楊志和編，天水趙景眞校。」前九回敘孫悟空得仙至被降故事。言有石猴，尋得水源，衆奉爲王，而復出山，就師悟道，以大神通擾亂天地；玉帝不得已，封爲齊天大聖，復擾蟠桃大會。帝命灌口二郎眞君討之，遂大戰，悟空被獲。然斫之無傷，燻之不死；如來乃壓之五行山下，令待取經人。次四回卽魏徵斬龍，太宗入冥，劉全進瓜及玄奘應詔西行，爲求經之所由起。十四回以下則玄奘道中收徒及遇難故事，而以見佛得經東歸證果終。吳承恩之西遊記，全書次第，與楊書殆相等。前七回爲孫悟空得道至被降故事，當楊本之前九回。第八回記釋迦造經之事，與佛經言阿難結集不合。第九回記玄奘父母遇難及玄奘復讎事，亦非事實；楊本皆無有，吳所加也。第十至十二回卽魏徵斬龍至玄奘應詔西行事，當楊本之十至十三回；第十四回至九十九回則俱記入竺途中遇難之事；而一百回以東返成眞修。惟楊志和本文詞荒率，僅能成書；吳則通才，敏慧淹雅，其所取材，頗極廣泛。

吳承恩之西遊記，昔人皆以爲邱處機作。邱曾奉元太祖命西行萬餘年歷時四年。李志常記其經歷，成西遊記二卷，與吳本名雖同而實無關，清紀昀

·国故学大纲·
梁溪图书馆
一九二六年版

錢大昕已明辨之。至山陽人丁晏（石亭記事）阮葵生（茶餘客話）出，始知出於吳承恩之手。吳承恩者，淮安嘉靖中歲貢生。天啟淮安府志稱『吳承恩性敏而多慧，博極羣書，爲詩文下筆立成，清雅流麗，有秦少遊之風。復善諧劇，所著雜記幾種，名震一時。』『淮賢文目載先生撰西遊通俗演義。是書明季始大行，里巷細人皆樂道之。』（茶餘客話）

其生平，胡適攷有年表：

『嘉靖二三（一五四四）吳承恩歲貢。

二九（一五五〇）徐中行進士。

三九（一五六〇）至四一（一五六二）徐中行丁父憂，在長興。

三九（一五六〇）至四五（四）吳承恩作長興縣丞。

隆慶初（約一五七〇）吳承恩在淮安，與陳文燭徐中行往來酬應，

·国故学大纲·
梁溪图书馆
一九二六年版

酒酣論文。

萬曆六（一五七八）徐中行死於江西布政任上。

七（一五七九）吳承恩作瑞龍歌。

約萬曆七八年（約一五八〇）吳承恩死；以他歲貢之年推之，他享壽當甚高，約七十多歲。生時當在弘治正德之間，（約一五〇五）』

西遊記之結構，在諸小說中最爲精密。其記述齊天大聖，爲世間最有價値之神話文學。其記述玄奘，能連綴多量故事而一貫之。其記述八十一難之經過，則著者能神運其想像，且多含有詼諧意味。

封神傳之作者已佚其名。梁章鉅云：『林樾亭先生嘗與余談，封神傳一書是前明一名宿所選，意欲與西遊記水滸傳鼎立而三，因偶讀尙書武成篇「唯爾有神，尙克相予」一語，衍成此傳。其封神事則隱據六韜陰謀史記封神

書唐書禮儀志各書，鋪張假假，非盡無本也。』（浪跡續談）

全書凡百回，首述受辛進香女媧宮題詩，黷神，神因命三妖惑紂以助周。第二至三十回則雜敘商紂暴虐，子牙隱顯，西伯脫禍，武成反商，以成殷周交戰之局。此後多說戰爭，神佛錯出，助周者爲闡教卽道釋，助殷者爲截教。其戰各逞道術，互有死傷，而截教終敗。於是以紂王自焚，周武入殷，子牙歸國，封神，武王分封列國終。作者志在於演史而侈談神怪，什九虛造，實不過假商周之爭，自寫幻想，較水滸固失之架空，方西遊又遜其雄肆，故迄今未有以鼎足視之者也。

C、人情小說

金瓶梅——不知名

紅樓夢——曹雪芹撰

金瓶梅凡百百，明萬曆時，吳中始有刻本。「全書假水滸傳之西門慶爲線索，謂慶號四泉，清河人，「不甚讀書，終日閒游浪蕩，」有一妻三妾，又交「幫閒抹嘴不守本分的人，」結爲十弟兄，復悅潘金蓮，酖其夫武大，納以爲妾。武松來報讐，尋之不獲，誤殺李外傳，刺配孟州，而西門慶故無恙，於是日益外恣，通金蓮婢春梅，復和李瓶兒，亦納爲妾，「又得兩三場橫財，家道營盛」，已而李瓶兒生子，慶則因賂蔡京得金吾衞副千戶，乃愈肆，求藥縱慾，受賕枉法，無所不爲。然潘金蓮妬李有子，屢設計使受驚，子終以瘈瘲死；李痛子亦亡。潘則力媚西門慶，慶一夕飲藥踰量，亦暴死。金蓮春梅復通於慶壻陳敬濟，事發被斥賣，金蓮遂出居王婆家待嫁，而武松適遇赦歸，因見殺；春梅則賣爲周守備妾，有寵，又生子，竟册爲夫人。會孫雪娥以遇拐復獲，發官賣，春梅憾其嘗「唆打陳敬濟，」則買而折辱之，旋賣於酒家爲娼；又稱敬濟爲弟，羅致府中，仍與通。已而守備征宋江有功，擢濟南兵馬制置，敬濟亦列名軍門，陞爲參謀。後金人入寇，守備陣亡；春梅夙通其前妻之子，因亦以淫縱暴卒。比金兵將至清河，慶妻攜其遺腹子孝哥欲奔濟南，塗遇普淨和尚，引至永福寺，以因果現夢化之，孝哥遂出家，法名明悟。』（魯迅中國小說史略）『作者之於世情，蓋誠極洞達，凡所形容，或條暢，或曲折，或刻露而盡相，或幽伏而含譏，或一時並寫兩面，使之相形，變幻之情，隨在顯見，同時說部，無以上之。』（同上）

紅樓夢初名石頭記，爲我國之空前文學名著。乾隆中，初出於北京，盛行一時。然亦以其偉大，遂來百餘年間之附會，著者之姓氏，亦以斯而遭埋沒。自胡適氏之攷證出，始能廓清雲霧；原著者（曹雪芹）之生平，亦賴以攷核得實。

紅樓夢曹雪芹之自敘傳，而託之於小說者也。『作者自云曾歷過一番

·国故学大纲·
梁溪图书馆
一九二六年版

夢幻之後，故將眞事隱去，而借「通靈」說此石頭記一書也。……自己又云今風塵碌碌，一事無成，忽念及當日所有之女子，一一細考較去，覺其行止見識皆出我之上。我堂堂鬚眉，誠不若彼裙釵。……當此日，欲將已往所賴天恩祖德，錦衣紈綺之時，飫甘饜肥之日，背父兄教育之恩，負師友規訓之德，以致今日一技無成，半生潦倒之罪，編述一集以告天下。』故讀紅樓夢，應先略知曹雪芹之生平。曹雪芹，江寧織造曹寅之孫，死於乾隆二十九年，貧窮潦倒而死，年華才四十耳。作者生平與書中人物故事年代之關係，俞平伯紅樓夢辨中列有年表：

『一七一五，清康熙五十四年，曹頫（曹雪芹是頫之子）爲江寧織造。

一七一九，清康熙五十八年，曹雪芹生於南京。（雪芹底生年，經胡先生考定在一七一九年。他假定雪芹享年四十五，也總不致於大錯，相差至多不過五年。總之，無論如何，雪芹生時，必在曹頫江寧織造任上。）

一七二八，雍正六年，曹頫卸江寧織造任；雪芹隨他北去。

一七三結，雍正八年，紅樓夢從此起筆。雪芹十一歲。

一七三二，雍正十年，鳳姐談南巡事，寶玉十三歲。依這裏所假定的推算，雪芹也是十三歲。

一七三七，乾隆二年，書中賈母慶八旬。

一七三八，乾隆三年，八十回紅樓夢止此。雪芹十九歲。

一七三九—五七，乾隆四年—二二年，這十八年之中，雪芹遭家難，以致困窮不堪，住居於北京之西郊。

一七五四—六三，乾隆十九年—二八年，雪芹三十五至四十四歲（

？）作紅樓夢八十回.

一七六二，乾隆二七年，雪芹作長歌謝敦誠，敦誠答賦佩刀質酒歌.

一七六四，乾隆二十九年，曹雪芹卒於北京，年四十餘，無子，有婦孀居.

（敦誠贈曹芹圃詩：『滿徑蓬蒿老不華，舉家食粥酒常賒，衡門僻巷愁今雨，廢館頹樓夢舊家．司業青錢留客醉，步兵白眼向人斜．阿誰買與豬肝食，日望西山餐暮霞.』甲申輓曹雪芹詩：『四十年華付杳冥，哀旌一片阿誰銘？孤兒渺漠魂應逐，（往往前數月，伊子殤，因感傷成疾.）新婦飄零目豈瞑？牛鬼遺文悲李賀，鹿車荷鍤葬劉伶．故人惟有青山淚，絮酒生芻上舊坰.』）

一七六五，乾隆三十年，紅樓夢初次流行.

一七六九，乾隆三十四年，戚蓼生中己丑科進士.

·国故学大纲·
梁溪图书馆
一九二六年版

一七七〇，乾隆三十五年，紅樓夢盛行.

一七八八，乾隆五十三年；高鶚中戊申科舉人.

一七六五—一七八八，乾隆三十—五十三本，佚本後三十回的紅樓夢成.

一七九一，乾隆五十六年，高鶚補紅樓夢四十回.

一七九二乾隆五十七年，程偉元本—百二十回—初成.從此以後，方才有了百二十回的紅樓夢.

一八〇五，嘉慶十年，陳刻紅樓復夢成.

一八六九，同治八年，願爲明鏡室主人江順怡底讀紅樓夢雜記刻成.

一

石頭記著者死時僅成八十回；坊間之百二十回，係高鶚所續.開卷先叙本書之由來，謂女媧補天，獨留一石未用，石甚自悼歎。俄見一僧一道，以爲「形體到也是個寶物了，還沒有實在好處，須得再鐫上數字，使人一見便知是奇物方妙。然後好携你隆盛昌明之邦，詩禮簪纓之族，花柳繁華之地，溫柔富貴之鄉，去安身樂業。」於是袖之而去。不知更歷幾劫，有空空道人見此大石，上鐫文詞，從石之請，鈔以問世。道人亦「因空見色，由色生情，傳情入色，自色悟空，」遂易名爲情僧，改石頭記爲情僧錄；東魯孔梅溪前題曰風月寶鑑；後因曹雪芹於悼紅軒披閱十載，增删五次，纂成目錄，分出章回，則題曰金陵十二釵，並題一絕云：『滿紙荒唐言，一把酸辛淚。都云作者痴，誰解其中味？』

含玉而生之賈寶玉，爲全書之中心人物，而配之以金陵十二釵之正册（卽賈家之四艷—元春，迎春，探春，惜春—寶玉之戀人林黛玉及其正室薛寶釵，王熙鳳，及其女巧姐，李紈，秦可卿，史湘雲，及尼妙玉。）與副册十二釵，共三十六人．前後叙述寧榮二府之盛衰，僅八年間事．寧公長孫曰敷，早死；次敬襲爵，而性好道，又讓爵於子珍，棄家學仙；珍遂縱恣，有子蓉，娶秦可卿．榮公長孫曰赦，子璉，娶王熙鳳；次曰政，女曰敏，適林如海，中年而亡，僅遺一女曰黛玉．賈政娶於王，生子珠，早卒；次生女曰元春，後選爲妃；次復得子，則銜玉而生，玉又有子，因名寶玉．人皆以爲來歷不小，而政母史太君猶鍾愛之．主從之外，姻連亦衆，如黛玉寶玉，皆來寄寓；史湘雲亦時至；尼妙玉則習靜於後園．爲之譜列如左：

賈府譜系

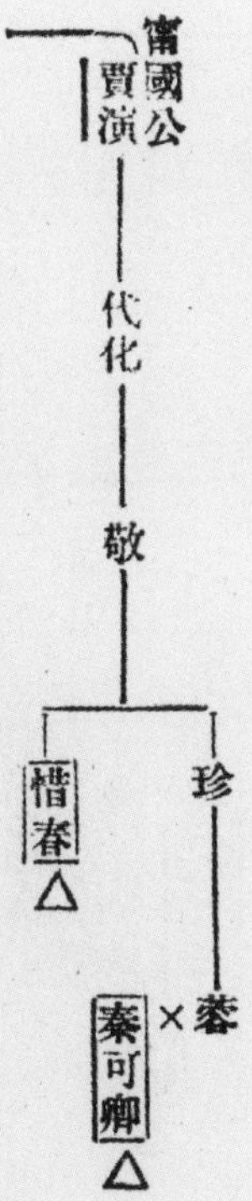

國故學大綱

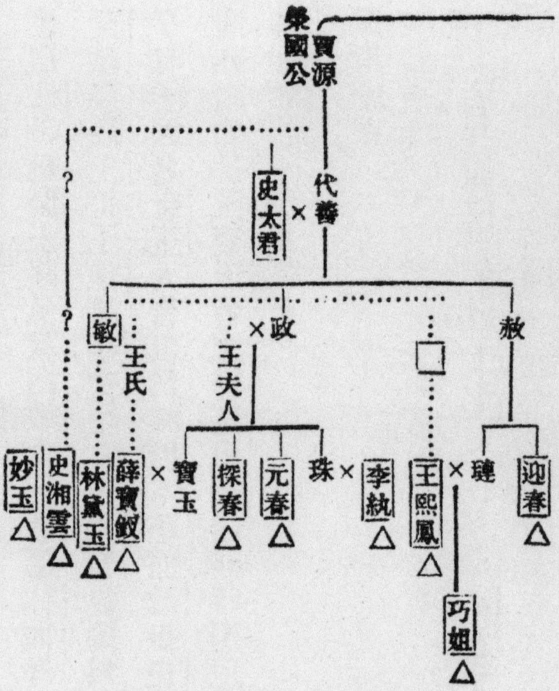

圖八

（註） 實線表本系 虛線表外家

×表結合 □表女性 △表十二釵

·国故学大纲·
梁溪图书馆
一九二六年版

事緣林夫人去世，黛玉失恃，遂來依外家。史太君深愛黛玉，使與寶玉同居處。兩小無猜，甚相得。已而王夫人女弟所生女薛寶釵亦至，頗極端麗。寶玉並愛二人，無偏心；而黛玉則稍含嫉妒。寶玉沉默寡言，熟玩世情，善於應付。迨元春被選爲妃，榮公府愈貴盛；及其歸省，則闢大觀園以宴之。情親畢至，極天倫之樂。寶玉漸長，於外暱秦鍾蔣玉函，歸則周旋於姊妹中表及侍兒之間，昵而敬之，恐拂其意。愛博而心勞，而憂患亦日甚矣。然榮公府雖煊赫，而『生齒日繁，事務日盛，主僕上下，安富尊榮者儘多，運籌謀畫者無一。其日用排場又不能將就省儉』故『外面的架子雖未甚倒，內囊都也盡上來了』。頹運方至，變故漸多；寶玉在繁華豐厚中且亦迭經事變。先有可卿自經；秦鍾夭逝；自又中父妾厭勝之術，幾死；繼以金釧投井；猶二姐吞金；而所愛之侍兒晴雯又被逐，隨歿。悲涼之感，都來襲寶玉之胸懷矣。石頭記前八十回戛然即止於此。

·国故学大纲·
梁溪图书馆
一九二六年版

紅樓夢結構細密，用意周到，禍福相倚，吉凶互伏；雖千變萬化，而一線相串，如珠走玉盤，委曲盡致。其發揮女性美，於溫柔，優雅，清高，戀愛，執著，嫉妬，淺慮，陰險諸端，皆能神描之。其曲盡情海之波瀾，男女兩性之悲歡離合，嬉笑怒駡之心理狀態，蓋古今東西諸人情小說所不及。

紅樓夢之結局，原著旣未結束，難必其究竟。續書則各行其是，其著者推高鶚之後四十回。後四十回數量雖止前書之半，而大故迭起，破敗死亡相繼，與所謂「食盡鳥飛，獨存白地」者頗符；惟結末又稍振。

續紅樓夢八十回本者，尚不止一高鶚。俞平伯從戚蓼生所序之八十回本舊評中抉剔，知先有續書三十回，似敍賈氏子孫流散，寶玉貧寒不堪，懸崖撒手，終於爲僧；然其詳不可攷。或謂「戴君誠夫見一舊時眞本，八十回之後，皆與今本不同，榮甯籍沒後，皆極蕭條；寶釵亦早卒；寶玉無以作家，至淪於擊析之流。史湘雲則爲乞丐，後乃與寶玉仍成夫婦。」此又一本，蓋亦續書。二書所補，或俱未契於作者本懷；然長夜無晨則與前書之伏線亦不背。

D、擬古小說

今古奇觀—馮猶龍撰　抱甕老人選

聊齋誌異—蒲松齡撰

今古奇觀四十卷四十回，殆成於崇禎時。序謂三言（喻世醒世警世）與拍案驚奇合之共二百事，觀覽難周，故抱甕老人選刻爲此本。（喻世醒世警世三言馮猶龍所作。猶龍名夢龍，長洲人。崇禎中由貢生選授壽寧知縣。）胡適云：『今古奇觀是明末的書，大概不全是一人的手筆。書中共有四十篇小說，大要可分二派：一是演述舊作的，一是自己創作的。加「吳保安棄家贖友」一篇，全是演唐人的吳保安傳，不過添了一些瑣屑節目罷了。但是這些

·国故学大纲·
梁溪图书馆
一九二六年版

加添的瑣屑節目便是文學的進步。水滸所以比史記更好，只在多了許多瑣屑細節。水滸所以比宣和遺事更好，也只在多了許多瑣屑細節。從唐人的吳保安，變成今古奇觀的吳保安；從唐人的李汧公，變成今古奇觀的李汧公；從漢人的伯牙子期，變成今古奇觀的伯牙子期：——這都是文學由略而詳，由粗枝大葉而瑣屑細節的進步。此外那些明人自己創造的小說，如賣油郎，如洞庭紅，如喬太守，如念親恩孝女藏兒，都可稱很好的『短篇小說』。依我看來，今古奇觀的四十篇之中，布局以喬太守爲最工，寫生以賣油郎爲最工。喬太守一篇用一個季都管做全篇的線索，是有意安排的結構。賣油郎一篇寫秦重，花魁娘子，九媽，四媽，各到好處。今古奇觀中雖有很平常的小說，比起唐人的散文小說，已大有進步了。唐人的小說，最好的莫如虬髯客傳。但虬髯客傳寫的是英雄豪傑，容易見長。今古奇觀中大多數的小說，寫的都是些瑣細的人情世故，不容易寫得好。唐人的小說大都屬於理想主義。今古奇觀中如賣油郎，徐老僕，喬太守，孝女藏兒，便近於寫實主義了。至於由文言的唐人小說，變成白話的今古奇觀，寫物寫情，都更能曲折詳盡，那更是一大進步了。」

聊齋誌異八卷，或析爲十六卷，凡四百三十篇，進摹晉唐傳奇小說而成之也。清之初葉，此類作品甚多，以此書爲最。魯迅謂：「其書雖不外記神仙狐鬼精魅故事，然描寫委曲，敍次井然，用傳法而以志怪，變幻之狀，如在目前；又或易調改絃，別敍畸人異行，出於幻域，頓入人間；偶述瑣聞，亦多簡潔，故讀者耳目，爲之一新。」胡適謂：「蒲松齡雖喜說鬼狐，但他寫鬼狐却都是人情世故，於理想主義之中，却帶幾分寫實的性質。」

E、諷刺小說

儒林外史——吳敬梓撰

·国故学大纲·
梁溪图书馆
一九二六年版

老殘遊記——劉鶚撰

儒林外史凡五十五回，成書殆在雍正末，著者（吳敬梓）方僑居於金陵。彼時「史事告成，館閣無事，自雍正初年至乾隆十許年，學士又以四書文義相矜尙。……老生宿儒，自尊所業，至目通經服古謂之雜學，詩古文辭謂之雜作。士不工四書文，不得爲通，又成不可藥之蠱矣！」（章氏遺書）儒林外史，卽以針砭此醉迷制藝之士流。

作者所深惡者，一爲利祿薰心的聖人之徒，如第十三回「馬二先生道：……「舉業」二字，是從古及今人人必要做的。就如孔子生在春秋時候，那時用「言揚行舉」做官，故孔子只講得個「言寡尤，行寡悔，祿在其中」。這便是孔子的舉業。講到戰國時，以遊說做官，所以孟子歷說齊梁，這便是孟子的舉業。到漢朝，用賢良方正開科，所以公孫弘，董仲舒舉賢良方正，這便是漢人的舉業。到唐朝，用詩賦取士，他們若講孔孟的話，就沒有官做了，所以唐人都會做幾句詩：這便是唐人的舉業。到宋朝，又好了，都用的是些理學的人做官，所以朱程就講理學：這便是宋人的舉業。到本朝，用文章取士，這是極好的法則。就是夫子在而今，也要念文章做舉業，斷不講那「言寡尤，行寡悔」的話。何耶？就日日講究「言寡尤，行寡悔」，那個給你官做？孔子的道也就不行了。」一爲「喫人的禮教，」如四十八回寫王玉輝女兒殉夫事『王先生……到了女婿家，看見女婿果然病重；……一連過了幾天，女婿竟不在了。……三姑娘道：「我而今辭別公婆父親，也便尋一條死路，跟着丈夫一處去了！」……王玉輝……向女兒道「我兒你既如此，這是青史上留名的事，我難道反攔阻你！你竟是這樣做罷。我今日就回家去，叫你母親來和你作別。」親家再三不肯。王玉輝執意，一逕來到家裏，把這話向老孺人說了。老孺人道：「你怎的越

·国故学大纲·
梁溪图书馆
一九二六年版

老越獃了！一個女兒要死，你該勸他，怎麽倒叫他死！這是甚麽話說！」王玉輝道：「這樣事，你們是不曉得的。」老孺人聽見，痛哭流涕，連忙叫了轎子去勸女兒，到親家家去了。王玉輝在家，依舊看書寫字，候女兒的信悉。老孺人勸女兒，那裏勸的轉！一般每日梳洗，陪着母親坐，只是茶飯全然不吃。母親和婆婆着實勸着，千方百計，總不肯吃。餓到六天上，不能起床，母親看着，傷心慘目，痛入心脾，也就病倒了，抬了回來，在家睡着。又過了三日，二更天氣，幾個火把，幾個人來打門報道：「三姑娘餓了八日，在今日午時去世了！」老孺人聽見，哭死了過去，灌醒回來，大哭不止。王玉輝走到床面前，說道：「你這老人家，眞正是個獃子！三女兒他而今已是成了仙了，你哭他怎的？他這死的好，只怕我將來不能像他這一個好題目死哩！」因仰天大笑道：「死的好！死的好！」大笑着走出房門去了。」「過了二個月，……製主入祠，門首建坊。到了入祠那日，……

……安了位，……祭了一天。在明倫堂擺席，通學人要請了王先生來上坐，說他生這樣好女兒爲倫紀生色。王玉輝到了此時，轉覺心傷，辭了不肯來。」

「王玉輝說起在家日日看見老妻悲慟，心下不忍」

「王玉輝……上船從嚴州西湖這一路走。一路看着水色山光，悲悼女兒，悽悽惶惶。」

「……路旁一個茶館，王玉輝走進去坐下；……看了一會，見船上個年少穿白的婦人，他又想起女兒，心裏哽咽，那熱淚直滾出來。」

其所提倡之新社會生活，則借荆元以自表：「這人姓荆，名元，五十多歲，在三山街開着一個裁縫舖。每日替人家做了生活，餘下來工夫就彈琴寫字，也極喜歡做詩。朋友們和他相與的問他道：「你既要做雅人，爲甚麼還要做你這貴行？何不同些學校裏人相與相與？」

他道：「我也不是要做雅人也只爲性情相近，故此時常學學。至於我們這個賤行，是祖父遺留下來的，難道讀書識字，做了裁縫就玷污了不成？況且那些學校中的朋友，他們另有一番見識，怎肯和我們相與？而今每日尋得六七分銀子，吃飽了飯，要彈琴，要寫字，諸事都由得我；又不貪圖人的富貴，又不伺候人的顏色；天不收，地不管，倒不快活？」

儒林外史之文學，蓋有三特長：

A、描寫眞切，無膚泛語，無過火語。

B、無淫穢語，

G、純國語之文學。

儒林外史之作者吳敬梓，字敏軒，安徽全椒人，幼卽穎異，善記誦，稍長補官學弟子員，尤精文選，詩賦援筆立成；然不善治生，性又豪不數年，揮舊產俱

·国故学大纲·
梁溪图书馆
一九二六年版

盡，時或至於絕糧。雍正乙卯，安徽巡撫趙國麟舉以應博學鴻詞科，不起。移家金陵，爲文壇盟主。晚年自號文木老人，客揚州，尤落拓縱酒。乾隆十九年，卒於客中，年五十四。

老殘遊記二十章，題「洪都百鍊生」著，實出劉鶚之筆。「劉鶚，字鐵雲，江蘇丹徒人，少精算學，能讀書，而放曠不守繩墨，後忽自悔，閉戶歲餘，乃行醫於上海，旋又棄而學賈，盡喪其資。光緒十四年河決鄭州，鶚以同知投効於吳大澂，治河有功，聲譽大起，漸至以知府用。在北京二年，上書請敷鐵道；又主張開山西鑛，既成，世作交謫，稱爲漢奸。庚子之亂，鶚以賤值購粟於歐人，或云實以振飢困者，全活甚衆；後數年，政府卽以私售倉粟罪之，流新疆死。」（羅振玉五十日夢痕錄）其書卽借老殘之游行，歷記其言論聞見，攻擊官吏之處特多。其指摘清官言人所未嘗言，以爲「贓官可恨人人知之，清官尤可恨，人多不知。蓋臟官自知有病，不敢公然爲非；清官自以爲不要錢，何所不可？剛愎自用，小則殺人，大則誤國。」其寫玉賢之虐政，寫剛弼之剛愎自用，皆甚深刻。其對於娼妓，謂其迫於生計，而無關於道德，亦一無見。其描寫技術最爲優長，如第二回記白妞說書；第十二回記黃河打冰，皆爲絕妙好辭。

『王小玉……唱了幾句書兒，聲音初不甚響；……唱了十數句之後，漸漸的越唱越高；忽然拔了一個尖兒，像一線鋼絲拋入天際，聽的人不禁暗暗叫絕。那知他於那極高的地方，尙能迴環轉折；幾囀之後，又高一層；接連有三四疊，節節高起。恍如由傲來峯西面攀登泰山的景像；初看傲來峯削壁千仞，以爲上與天齊；及至翻到傲來峯，纔見扇子崖更在傲來峯上；及至翻到扇子崖，又見南天門更在扇子崖上。愈翻愈險，愈險愈奇。那王小玉唱到極高的三四疊後，陡然一落，又極力騁其千迴百折的精神，如一條飛蛇在黃山三十六

·国故学大纲·
梁溪图书馆
一九二六年版

峯半中腰裏盤旋穿插，頃刻之間，周匝數遍。……』——第二回

『抬起頭看那南面山上一條白光，映着月色，分外好看。一層一層的山嶺，却分辨不清；又有幾片白雲在那裏面，所以分不出是雲是山。及至定睛看去，方才看出那是雲那是山來。雖然雲是白的，山也是白的，雲有亮光，山也有亮光；只爲月在雲上，雲在月下，所以雲的亮光從背後透過來；那山却不然，山的亮光由月照到山上，被那山上的雪反射過來，所以光是兩樣了。然只稍近的地方如此。那山望東去，越望越遠，天也是白的，山也是白的，雲也是白的，就分辨不出來了。——第十二回

F、炫才小說

鏡花緣——李汝珍撰

以小說炫才學，必無佳品。故大部分之炫才小說，俱歸之於病態文學中。

·国故学大纲·
梁溪图书馆
一九二六年版

惟鏡花緣一書，雖滿紙學問，而自有卓立平民文學中之特點。

鏡花緣凡百回，清乾隆時李汝珍所著。汝珍字松石，京兆大興人，『少而穎異，讀書不屑屑章句帖括之學；以其暇旁及雜流，如壬遁，星卜，象緯，篆隸之類，靡不日涉以博其識。而於音韻之學，尤能窮源索隱，心領神悟。』

書中略敍武后於寒中欲賞花，詔百花齊放；花神不敢抗命，從之，然又獲天譴，謫於人間，爲百女子。時爲秀才唐敖，應試中探花，而言官舉劾，謂與叛人徐敬業輩有舊，復被黜，因慨然有出塵之想，附其婦弟林之洋商船遨遊海外，跋涉異域時遇畸人，又多覩奇俗怪物，幸食仙草，「入聖超凡」，遂入山不復返。其女小仙又附舶尋父，仍歷諸異境，且經衆險，終不遇；但從山中一樵父得父文書，名之曰閨臣，約其「中過才女」後可相見；更進，則見荒塚，曰鏡花塚；更進，則入水月村；更進，則見泣紅亭，其中有碑，上鐫百人名姓，首史幽探，終畢全貞，而唐閨臣在第十一，人名之後有總論，其文有云：

『泣紅亭主人曰：以史幽探哀萃芳冠首者，蓋主人自言窮探野史，嘗有所見，惜湮沒無聞，而哀羣芳之不傳，因筆誌之。……結以花再芳畢全貞者，蓋以羣芳淪落，幾至澌滅無聞，今賴斯而不朽，非若花之重芳乎？所列百人，莫非瓊林琪樹，合璧駢珠，故以全貞畢焉。』

閨臣不得已，遂歸；值武后開科試才女，得與試，且亦入選，名次如碣文。於是同榜者百人大會於宗伯府，又連日醼集，彈琴賦詩，圍棋講射，蹴鞠鬬草，行令論文，評韻譜，解毛詩，盡觴詠之樂。已而有兩女子來，自云考列四等才女，而實風姨月姊化身，即席成詩，皆包含坐中諸人身世，自過去及現在，以至將來，間有哀音，聽者黯淡，然不久意解，歡笑如初。末則文芸起兵謀匡復，才女或亦在軍，有死者；而武家軍終敗。於是中宗復位，仍尊太后武氏爲則天大聖皇帝。未幾，則天下詔，謂來歲仍開女試，並命前科衆才女重赴「紅文宴，」而鏡花緣隨畢。然以上僅全局之半，作者自云欲知「鏡中全影，且待後緣，」則當有讀書然竟未作。

李氏之論音韻，注重實用，注重今音，敢於變古，爲其特長。其於婦女問題，抱「男女應該受平等的待遇，平等的教育，平等的某舉制度」之創見。其於第十一十二回君子國一段中，提出十二項社會問題？

「1、商業貿易的倫理問題，
2、風水的迷信，
3、生子女後的慶賀筵宴，
4、送子女入空門，
5、爭訟，

·国故学大纲·
梁溪图书馆
一九二六年版

6、屠宰耕牛，

7、宴客的餚饌過字，

8、三姑六婆，

9、後母，

10、婦女纏足，

11、川算命爲合婚，

12、奢係。」

雖不免間有迂腐之談，然大體皆有深刻之觀察如：

「吾聞尊處向有婦女纏足之說。始纏之時，其女百般痛苦，撫足哀號，甚至皮腐肉敗，鮮血淋漓。當此之際，夜不成寐，食不下咽；種種疾病，由此而生。小子以爲此女或有不肖，其母不忍量之於死，故以此法治之。誰知係爲美觀而！設若不如此，卽不爲美！試問鼻大者削之使小，額高者削之使半，人必謂爲殘廢之人。何以兩足殘缺，步履艱難，卻又爲美？卽如西子王嬙皆絕世佳人，彼時又何嘗將其兩足削去一半？況細推其由，與造淫具何異？此聖人之所必誅，賢者之所不取。

婚姻一事，關係男女終身，理宜愼重，豈可草草？旣要聯姻，如果品行純正，年貌相當，門第相對，卽屬絕好良姻，何必再去推算？……尤可笑的，俗傳女命，北以屬羊爲劣，北以屬羊爲凶。其說不知何意，至今相沿，殊不可解。人値未年而生，何至比之於羊？寅年而生，又何至竟變爲虎？且世間懼內之人，未必皆係屬虎之婦。況鼠好偸竊，蛇最陰毒，那屬鼠屬蛇的豈皆偸竊陰毒之輩？牛爲負重之獸，自然莫苦於此；豈丑年所生都是苦命？此皆愚民無知，造此謬論。往往讀書人亦染此風，殊爲可笑。總之，婚姻一事，若不論門第相對，不管年貌相當，惟以

·国故学大纲·
梁溪图书馆
一九二六年版

合婚爲準，勢必將就勉強從事，雖有極美良姻，亦必當面錯過，以致日後兒女抱恨終身，追悔無及。爲人父母的倘能洞察算命合婚之謬，惟以品行年貌門第爲重，至於富貴壽考，亦惟聽之天命，那日後別有不虞，此心亦可對住兒女，兒女似亦無怨了。』

G、俠義小說

三俠五義——石玉崑撰

俠義小說爲清末北方之平民文學。其流甚多，而以三俠五義爲最。三俠五義凡百二十回，初出於光緒五年，原名忠烈俠義傳，首署「石玉崑述」，石玉崑爲何如人？已無可攷。其書『本是一部新的龍圖公案；但見作者做到了小半部之後，便放開手做去，……所以這書後面的大半部完全是創作的，丢開了包公的故事，專力去寫那班俠義。』淸俞曲園氏於此書曾加賞贊，謂：

『……及閱至終篇，見其事情新奇，筆意酣恣，描寫既細入毫芒，點染又曲中筋節，正如柳麻子說「武松打店」，初到店內無人，驀地一吼，店中空缸空甏皆瓮瓮有聲，閒中着色，精神百倍。如此筆墨，方許作平話小說；如此平話小說，方算得天地間另是一種筆墨。』

全書首敍宋眞宗未有子，而劉李二妃俱娠，約立舉子者爲正宮。劉乃與宮監郭槐密謀，俟李生子，卽易以剝皮之狸貓，誚生怪物。太子則付宮人寇珠，命縊而棄諸水；寇珠不忍，竊授陳林，匿八大王所，云是第三子，始得長育。劉又讒李妃去之，忠宦多死。眞宗無子，既崩，八王第三子乃入承大統，卽仁宗也。書由是卽進敍包拯降生，惟以前案爲下文伏線而已。復次則述拯婚宦及斷案事迹，往往取他人故事，並附著之。比知開封，乃於民間遇李妃，發「狸貓換子」舊案，時仁宗始知李爲眞母，迎以歸。拯又以忠誠之行，感化豪客，如三俠，卽

·国故学大纲·
梁溪图书馆
一九二六年版

南俠展昭，北俠歐陽春，雙俠丁兆蘭丁兆蕙，以及五鼠，爲鑽天鼠盧方，徹地鼠韓彰，穿山鼠徐慶，翻江鼠蔣平，錦毛鼠白玉堂等，率爲盜俠縱橫江湖間，或則偶入京師，戲盜御物，人亦莫能制，顧皆先後傾心，投誠受職，協誅強暴，人民大安。後襄陽王趙珏謀反，匿其黨之盟書於冲霄樓，五鼠從巡按顏查散探訪，而白玉堂遽獨往盜之，遂墜銅網陣而死；書至此亦完。其中以智化指乞丐進皇城偷盜珠寇一段爲最精采：

『到了御河，大家按檔兒做活。智爺拏了一把鐵鍬，撮的比人多，擲的比人遠，而且又快。旁邊作活的道：「王第二的！」（智化的假名）智爺道：『什麼？』旁邊人道：『你這活計不是這麼做。』智爺道：「怎麼挖的淺咧做的慢咧？」旁邊人道：「這還淺！你一鍬，我兩鍬也不能那樣深。你瞧，你挖了多大一片，我纔挖了這一點兒。俗講說的「皇上家的工，慢慢兒的蹭。」你要這們做，還能吃的長麽？」智爺道：「做的慢了，他們給飯吃嗎？」旁邊人道：「都是一樣慢了，他能不給誰吃呢？」智老道：「既是這樣，俺就慢慢的。」』

述平民文學既竟，又思風行里巷之下等小說，亦自有其地位，不可不坿筆及之。

下等小說者，劉復云：『下等二字，雖無的義可解，卻可算得此項小說爲社會所唾棄，被社會所唾棄，被社會所侮辱的一個憑據。』此類小說，蓋於社會佔重大之勢力，而復爲民衆所恥稱者也。就文體材料思想各方面列表於左：

（1）說白與唱句夾雜者（有三字句，四字句，五字句，七字句，長短句等。）（大鼓　寶卷　唱本）

·国故学大纲·
梁溪图书馆
一九二六年版

下等小說

- 文體之類別
  - 2、俚（曲時調山歌）—每曲疊唱，四次五次十次，十二次不等。
  - 3、類似韻文之散文
    - 有唱句而無說白
    - 文體而無限制
  - 4、散文的白話小說—如評演三字經之類
- 材料之類別
  - 1、雜義無理者—藉此認識古人，明了古今。
  - 2、有依據者—依據經，史，小說，戲曲，時事。
  - 3、憑空結撰—記中下等社會之狀況。

1、奉迎皇帝，
2、迷信鬼神，
3、崇拜狀元，
4、倫理思想，
5、憐憫妓女，
6、誨淫誨盜，

（思想上之類別）
7、厭世思想，
8、革命思想，
9、促婦女自殺，
10、滑稽，
11、對於貧富不均，
12、對於外國人。

下等小說中亦有佳品，如演孔子去齊一段：

『自古大道屬文宣，他把那天下擔子一擔肩，十八處刀兵滾滾民遭難，愁的他早不睡來晚不眠。他說道「花花世界誰是聖主？——聞聽說姜太公的子孫還好賢。」分付聲：「仲由與我套馬車，咱上那海岱雄邦走一番。」那一日氣燄天長來的好快，到了那雞鳴鎭上打過早尖。齊景公除道遠迎預備

·国故学大纲·
梁溪图书馆
一九二六年版

公館倒叫他君臣大夥兒犯了難。「待照着魯國款待季桓子，咱沒有人家那些便宜錢。待說是草草席地待過去，又怕他師父徒弟作笑談。咱這裏海參鰒魚是土產，還是那鱁鯚鱗刀蛸合盤。」商議着封他尼谿去爲令尹，旁邊裏跪倒個矮子動本參他說道：「這個老兒鋪排大，比不得昔日管仲相齊桓。君縱有氣概凌霄三千丈，恐不能壽活彭祖八百年。」齊景公聽罷啟奏心歡喜：「你這話正合我的六十三。俺如今晚上脫了鞋合襪，誰管保明日穿不穿！好歹的占撮幾日叫他去，那有水磨工夫合他纏！」老夫子聞聽此言是不能行道，叫徒弟收拾行李轉家園。…… 誰料想時來運轉官星現，到原籍就得了箇中都邑宰官。不消一月升到了刑部大司寇，赫赫嚴嚴操了生殺權。他開刀先殺了奸賊少正卯，把一箇季氏桓子氣乍了肝。…… 一封書暗暗的到青州府，嚇得那齊國君臣心胆寒。…… 快把那美女選上幾十對，請戲師打上一夥女兒班。……選了些淨走不顛的桃花馬，鞍橋上獻著一班女嬋娟。出西門一直到了兗州府，喜得箇季氏桓子跳鑽鑽。……暗地裏花言巧語奏一本，霎時間金鑾殿上做了梨園。君臣們一齊跌入迷魂陣，終日裏和幾箇戲子老婆耍笑頑。老夫子見此光景要上本，無奈何朝門雖設日常關，好歹的捱了幾天也看不慣，他師徒少魂失魄奔了西南。……一路上觀不盡的瀟湘景，猝然間遇著箇瘋子到車前。他那裏一邊走著一邊唱，唱的是雙鳳齊鳴天下傳。他說道：「虞舜已沒文王死，漢陽郡那有韶樂共岐山！你從前棲遑道路且莫論，至而今羽翼困倦也該知還。你看這郢中那有梧桐樹，何不去尋個高岡把身安？你只想高叫一聲天下曉，全不念那屈死龍逢合比干！」他那裏口裏唱著伴常去，到把箇孔子聽的心痛酸。……老夫子走向前來待開口，他趕着提起腿來一溜煙。弄的沒滋搭味把車上，猛抬頭波浪滾滾在面前，師徒們勒馬停驂過不去，

·国故学大纲·
梁溪图书馆
一九二六年版

看了看兩箇農夫在鄉裏耕田吩咐聲「仲由你去問一問，你問問那裏水淺好渡船？」仲夫子聞聲此言不怠慢邁開大步到近前。他說道：「我問老哥一條路，告訴俺那是道口那是灣？」長沮說：「車上坐的是那一位？」子路說：「孔老夫子天下傳。」長沮說：「莫不是家住兗州府？」子路回答「然然然！」長沮說：「他創遍天下十三省，教的那些門徒都是聖賢。」說罷竟將黃牛趕，你看他達達嚱嚱緊加鞭。閃的箇好勇子路瞪着眼，無奈何又向桀溺問一番。桀溺說：「看你不像本地客，你把那家鄉姓氏對我言？」子路說：「家住泗水本性仲。」桀溺說：「你是聖人門徒好打拳。」子路說：「你既知名可爲知已，你何不快把道口指點咱？」桀溺說：「夜短天長你發什麼躁！慢慢的聽我從頭向你言：你不見滄海變田田變海，你不見碧天連水水連天！你縱有摘星換月好手段，也不能翻過天來倒箇乾！與其你跟着游學到處創，你何不棄文去武學種田?白日裏家中吃碗現成飯,強於你在陳餓的眼珠藍。夜晚閒關門睡些安穩覺,強於你在匡嚇的心胆寒。這都是金石良言將你勸,從不從由你自便與我何干。』說着回頭把地種,二農夫一箇後來一箇先。仲夫子從來未佔過沒體面,被兩箇耕地農夫氣乍了肝。「若照我昔年那箇猛浪性,定要踢頓脚來打頓拳。惱一惱提起他腿往河裏撩,定教那魚鼈蝦蟹得一頓飽餐!」』

·国故学大纲·
梁溪图书馆
一九二六年版

中華民國十五年八月廿日再版

卷上（全）

定價大洋一元六角
（外埠郵費加一）

國故學大綱

卷上

著者 浙東曹聚仁
校者 崑山陶樂勤
發行者 梁溪黃濟惠
印刷者 梁溪圖書館
總發行所 梁溪圖書館 上海四馬路中市
分館 杭州保佑坊
分發行所 各省各大書局

图书在版编目（CIP）数据

国学概论选粹. 3, 国故学大纲/杜泽逊主编. —青岛：青岛出版社，2023. 1
ISBN 978-7-5736-0613-6

Ⅰ. ①国… Ⅱ. ①杜… Ⅲ. ①国学—概论 Ⅳ. ①Z126

中国版本图书馆CIP数据核字（2022）第237259号

GUOXUE GAILUN XUANCUI

书　　名　**国学概论选粹**
主　　编　杜泽逊
出版发行　青岛出版社
社　　址　青岛市崂山区海尔路182号（266061）
本社网址　http://www.qdpub.com
邮购电话　0532-68068091
策划编辑　刘　咏
责任编辑　吴清波　梁　娜
特约校对　朱子菡　李康康
封面设计　李开洋
装帧设计　青岛齐合传媒有限公司
印　　刷　青岛名扬数码印刷有限责任公司
出版日期　2023年1月第1版　2023年1月第1次印刷
开　　本　16开（889 mm × 1194 mm）
印　　张　150.75
字　　数　2000千
印　　数　1—3000
书　　号　ISBN 978-7-5736-0613-6
定　　价　698.00元（全六册）
编校印装质量、盗版监督服务电话　4006532017　0532-68068050